Erwin Neuwirth · Jan Tidstrand

Lachtherapie
Bevor die Gesundheit flöten geht

Erwin Neuwirth · Jan Tidstrand

Lachtherapie

Bevor die Gesundheit flöten geht

Mit 49 Zeichnungen

AMALTHEA

Besuchen Sie uns im Internet!
www.amalthea.de
www.humortherapie.at

2. Auflage 2004 (Sonderproduktion)

© 2001 by Amalthea Signum Verlag GmbH, Wien
Alle Rechte vorbehalten
Umschlaggestaltung: Wolfgang Heinzel
Umschlagzeichnung: Dr. Jan Tidstrand (Tidi)
Herstellung und Satz: VerlagsService Dr. Helmut Neuberger
& Karl Schaumann GmbH, Heimstetten
Gesetzt aus der 13,5/16 Punkt Goudy
Druck und Bindung: Ueberreuter Buchproduktion, Korneuburg
Printed in Austria
ISBN 3-85002-461-X

Inhalt

»Gesundheit leicht gelacht«

Vorwort von Dr. Michael Titze

Schon immer hat man es intuitiv gewusst: Lachen ist gesund!

Dass diese Volksweisheit für exakt forschende Naturwissenschafter lange Zeit kein Thema war, ist eigentlich erstaunlich. Denn die Kollegen aus den geisteswissenschaftlichen Fachbereichen – allen voran die Philosophen – hatten sich schon seit Beginn der Neuzeit für dieses einmalige Phänomen interessiert; allerdings in einer ziemlich distanzierten Weise!

Immerhin – man hatte es hier mit einer durchaus primitiven Reaktion des Leibes zu tun, an dem »der Verstand an sich kein Wohlgefallen finden kann«, wie es einst Immanuel Kant ausdrückte.

Obwohl die Psychoanalyse – trotz ihrer Pionierarbeit auf dem Gebiet der Witzforschung – mit dem Lachen recht doppeldeutig umging[*], (an)erkannte sie die enthemmende beziehungsweise befreiende Funktion dieses psychophysiologischen Phänomens.

So bemerkte Freud bereits 1905, dass das Lachen die

---

[*] Vgl. Lawrence Kubie, »Das zerstörerische Potential des Humors in der Psychotherapie« (1971).

»freie Abfuhr« von psychischer Energie ermöglicht, die bislang gestaut war.

Der Schritt zur praktischen Umsetzung dieser Erkenntnis sollte aber noch lange auf sich warten lassen!

Erst sechzig Jahre später begannen sich Emotionsforscher konsequent Gedanken über die Nutzbarmachung der »heilenden Kraft des Lachens« zu machen. Dies führte dazu, dass sich eine Forschungsrichtung herauszubilden begann, die als »Gelotologie« – die Wissenschaft vom Lachen – bezeichnet wird.

Inzwischen ist die Gelotologie eine weltweit anerkannte Disziplin.

Sie hat wissenschaftlich nachgewiesen, dass es nach einem ausgiebigen Lachen zu bemerkenswerten Veränderungen im Körper kommt:

1. *Die Atmung und die Durchblutung werden gefördert,*
2. *Muskelverspannungen werden abgebaut,*
3. *die körpereigene Hormonproduktion wird gesteigert, so dass sich entzündungshemmende und stressreduzierende Effekte ergeben.*
4. *Die Immunabwehr wird gestärkt. So führt das Lachen zu einer Vermehrung der natürlichen Killerzellen und der T-Helferzellen, die bei der Eliminierung von Viren und geschädigten Zellen im Körper von Bedeutung sind.*
5. *Außerdem bewirkt Lachen eine Zunahme von Immunglobulinen.*

Neben diesen physiologischen Effekten bewirkt das Lachen auch in *psychologischer Hinsicht* einiges:

Menschen, die häufig lachen, kommen im sozialen Leben besser an. Ohne sich bewusst Mühe geben zu müssen, schlagen sie die »zwischenmenschliche Brücke«. Dabei wirken sie auf ihre Mitmenschen spritziger, witziger und einfallsreicher als lachunfähige Griesgrame – vielleicht schon aus dem Grunde, weil das Gehirn lachender Menschen besser mit Sauerstoff und Glückshormonen (Endorphinen) versorgt wird. Menschen, die viel lachen, erleben sich selbst als stark und kompetent – und sie fürchten sich nicht vor sozialen Konflikten! Dies wiederum trägt zu einem wachsenden Selbstbewusstsein bei.

So wichtig es ist, dass sich die Wissenschaft mit den Folgen des Lachens beschäftigt: Lachen soll der Mensch.
Unter diesem Aspekt ist dieses Buch entstanden, dass den Leser in erster Linie zum Lachen bringen will.

In diesem Sinne wünsche ich Ihnen viel Vergnügen und heilsamen Erfolg bei der Lektüre

Ihr Dr. Michael Titze
Vize-Präsident von HumorCare,
der Gesellschaft zur Förderung von Humor
in der Therapie, Pflege und Beratung

»Zeichnen, Vortragen und Texten gegen die Ängste unserer Zeit«

Einleitung

Radio-Onkologe, Zeichner und Texter gegen die Schmerzen seiner Patienten

Seit fast 55 Jahren wandle ich auf dieser Erde.

Bisher ging es in meinem Leben nicht schlecht, vielleicht habe ich eine glückliche genetische Anordnung von meinen Eltern geerbt, die mir erlaubt, im Leben Situationen zu meistern, die nicht unbedingt einfach sind.

Ganz allgemein könnte man diese Eigenschaft als Sinn für Humor bezeichnen. Dieser sehr hilfreiche Wesenszug besteht darin, dass ich – obwohl sich eine Situation oder ein Zustand äußerst schwierig, komplex oder gar unüberwindbar schwarz darstellt – mitten in der Hoffnungslosigkeit irgendeine Kleinigkeit finde, worüber ich lächeln muss.

Und so besteht seit Jahrzehnten meine Überzeugung darin, dass es »*im Leben fast keine Situation gibt, wo man nicht ein kleines bisschen lächeln kann*«.

Jeder durchlebt unterschiedlich komplizierte Begebenheiten, die alle mit einem kleinen Lächeln als Begleitung leichter zu meistern sind.

In meinem Beruf als Radio-Onkologe werde ich täglich mit Patienten konfrontiert, die ein Krebsleiden haben. Aber auch hier scheint meine genetische Veranlagung Vorteile zu bringen.

Nicht, dass ich krampfhaft versuche, Patienten in allen heiklen Lagen zum Lachen zu bringen. Aber es scheint doch so zu sein, als würde ein Mensch, der unter größten Belastungen steht, durch ein kurzes Lächeln eine Entspannung verspüren, was sich sofort schonend auf seine Kraftreserven auswirkt – und auch für mich bedeutet ein Lächeln eine wichtige psychische Erholung. Vielleicht kann ich dadurch meine Patienten ein kleines bisschen besser unterstützen. Diese meine Grundüberlegung ist möglicherweise nicht wissenschaftlich zu belegen, aber für mich ist es ganz klar, dass ein Lächeln oder Lachen eine Verbesserung der Lebensqualität darstellt.

Unter dem Wort »Lachtherapie« verstehe ich nicht das lautstarke, krampfhafte Lachen, sondern vielmehr das »innerliche Lachen«, welches nach außen durch ein Schmunzeln, Lächeln oder gar Lachen sichtbar wird – nach innen aber dem Menschen ein Gefühl der Entspannung und des Wohlbefindens bereitet.

Es gibt zahlreiche Episoden in unserem täglichen Leben, über die man lächeln kann, nur viele Menschen übersehen das leider und – leider Gottes – noch mehr Menschen trauen sich nicht zu lächeln, weil sie glauben, dass ein lächelnder Mensch nicht ernst genommen wird, dabei ist es doch gerade umgekehrt!

Dr. Jan Tidstrand (Tidi)
Radio-Onkologe am Landeskrankenhaus Klagenfurt

Meine Humorbiografie

Zum Lachen habe ich eine ganz eigene Beziehung. Mir ist nämlich das Lachen vergangen. Lange Zeit.

Es gibt manchmal Lebensabschnitte, wo einem gar nicht zum Lachen ist. Bei mir war es gleich nach der Scheidung ... Also nichts Ungewöhnliches.

Natürlich stehen einem da mehrere Möglichkeiten offen, die veränderten Umstände nicht zu akzeptieren: Medikamente, Alkohol, Selbstmitleid oder ganz normales Durchdrehen.

Ich habe mich für Letzteres entschlossen.

Nachdem ich von meinem Hauptberuf, der Schauspielerei, genug hatte und zum Kabarett wechselte, spielte ich möglichst viele Vorstellungen.

Eigentlich zu fast jeder Gage.

Geld war nicht das Entscheidende, mehr der Kontakt mit dem Publikum.

Wenn gelacht wurde, ging es mir gleich viel besser.

Jede Vorstellung war für mich so etwas wie eine unbewusste Lach-Therapie.

»Lachen hilft mir«, habe ich mir damals gesagt.

Übermütig begann ich meine Abende so zu inszenieren, dass es mir möglich war, mitzulachen. Gemeinsam mit dem Publikum.

Hatte ich eine besonders gute Vorstellung mit Gelächter auf beiden Seiten, war für mich der Abend gerettet und oft auch der nächste Tag.

Ich wurde lachhungrig, lachsüchtig.

Konnte ich einen Tag nicht lachen, kam ich ins Grübeln.

Je mehr ich grübelte, desto mehr bekam ich Depressionen, und umso öfter trank ich Rotwein.

Mit dem Rotwein habe ich schnell aufgehört, ich griff nur noch zum Lachen.

Schließlich ist Lachen gesund. – Die beste Medizin, wie man gerne sagt.

Mit dem Lachen ist auch der Humor wieder bei mir eingezogen.

Mit vielen Dingen konnte ich bald leichter umgehen.

Besonders gefreut hat mich, dass sich manche Leute über mich geärgert haben.

Das haben einige gar nicht gern, wenn sie sehen, dass es einem gut geht, wenn's einem schlecht geht. »Humor ist aber, wenn man trotzdem lacht.«

Heute biete ich Humor als Pflegeintervention im Krankenhaus an.

Das ist kein Scherz, denn gerade Menschen, denen es medizinisch betrachtet im Moment nicht so gut geht, holen sich mit Hilfe des Humors ihre Lebensenergie zurück.

Zur Vorbereitung meiner therapeutischen Seminare besuchte ich in Begleitung des Facharztes für Neurologie, Dr. Walter Salzmann, zahlreiche Krankenhäuser in Amerika und Deutschland. Dabei stellte ich rasch fest, dass die dort praktizierte Karnevalisierung der Medizin keine Verbesserung der Lebensqualität darstellt. Der Auftritt von Clowns in Krankenhäusern kann sicherlich für Kinder eine gute Ablenkung sein und sogar eine Förderung ihrer mentalen Gesundheit bewirken. Für ältere Patienten stellt jedoch ein »falsch verstandener« Scherz zur falschen Zeit geradezu eine Gefahr dar!

Humor muss – wie ein Medikament – patienten- und personenkonzentriert eingesetzt werden und darf sich nicht verselbstständigen. Humor wird leicht missverstanden und ruft dann den gegenteiligen Effekt hervor.

Wie beim Medikament sind auch die Dosis und der Zeitpunkt der Verabreichung wichtig.

Wobei der therapeutische Aspekt des Lachens den Patienten gleichgültig ist. Sie fühlen sich wohler, weil sich ihr Grübeln reduziert. Dadurch ergeben sich angenehme Nebenwirkungen wie verbesserte Schlafenszeiten und mehr Vertrauen in die pharmazeutische und physikalische Behandlung.

Eine Reihe von gesundheitsfördernden Auswirkungen hat der Wissenschafter und Psychotherapeut Dr. Michael Titze, der auch dankenswerterweise unser Vorwort verfasste, in entsprechenden Untersuchungen bewiesen. (»Therapeutischer Humor« von Michael Titze in Frank Farelly »Provokative Therapie«, 1998)

Bei meinem ersten Projekt am Landeskrankenhaus Klagenfurt galt es, die Frage »Ist Humor am Krankenbett möglich?« zu beantworten. Mit Hilfe von Fragebögen ermittelten der Leiter der nuklearmedizinischen Abteilung, Dozent Dr. Peter Lind, gemeinsam mit mir einen Wirkungszusammenhang zwischen Humor und Gesundheit. Untersucht wurde der Humor in seinen unterschiedlichen Funktionen zum Beispiel als Trost, als Waffe, als Zerstreuung und als Spiel des Intellekts. Dem anarchistischen Aspekt kommt eine besondere Bedeutung zu. Wie sehr Komik Ordnungssysteme und berufliche Konstruktionen stören kann, dafür existieren zahlreiche Beispiele in der Geschichte. Ob der Humor bei Kranken innere Verhaltensmuster beeinträchtigt, steht längst außer Frage.

Festzustellen gilt in Zukunft, welche Ressourcen der Humor verursachen und im Wandel halten kann. Damit meine ich die individuellen, inneren und persönlichen Faktoren ebenso wie auch die gesellschaftlichen Einflüsse, deren Zusammenwirken sowohl eine gesundheitsfördernde als auch -erhaltende Funktion haben.

Am Beispiel-Projekt *Humor am Krankenbett* wurde analysiert, was der Mediziner am Arbeitsplatz und der Patient im Krankenbett vom Sprichwort »Lachen ist die beste Medizin« halten. Wie die Angst vor dem Humor und dem Lachen entsteht, das Festhalten an der Ernsthaftigkeit sowie Seriosität und ebenso die Kritik an der Humorlosigkeit.

Mein Anliegen war und ist, zur Verbesserung der Lebensqualität mit bereits vorhandenen sowie persönlichen Ressourcen beizutragen. Ein Hilfsmittel ist das Lachen. Da waren wir, die Patienten und ich, schnell einer Meinung, dass so etwas »wie das Lachen« nur helfen kann.

Zweimal in der Woche treffe ich mich nun in verschiedenen Krankenhäusern mit Patienten und Pflegepersonal zu »Lach-Seminaren«.

Wir erzählen einander Witze, lustige Begebenheiten und erfinden immer neue Alltagsgeschichten, die sich mit dem Thema Gesundheit und Krankheit beschäftigen.

Einiges davon steht hier in diesem Buch ...

Mag. Erwin Neuwirth
Humortherapeut

P. S. Wie gut Ihnen ein Test gefällt, zeigt die Auswahl Ihrer angekreuzten Smilies! Im Anhang des Buches finden Sie ein Lachbarometer, welches die Auswertung der von Ihnen vergebenen Smilies enthält. Die höchste Bewertung pro Text beträgt drei Smilies ☺☺☺.

Machen Sie mit und verdoppeln Sie Ihren Humorfaktor!!!

Alles, was uns »krank macht«

Schön wie ein Model, fit wie ein Turnschuh

Sporthysterie und Wellnesskult

Alles hilft?

Noch nie hat sich der Mensch so angestrengt, gesund zu bleiben.

Der Lebensqualitätspegel unserer Gesellschaft wird mittels Wellnesskampagnen am Sinken gehindert.

Fitness, Jogging, Diäting, Peeling, Tabletting.

Und wenn das nicht hilft: Akupunktur, Akupressur, Shiatsu, Shopping und ... jeden Tag kommt ein neue Wohlfühlempfehlung dazu.

Einige Anregungen sind schnell wieder out, wie das »Eigen-Urin-trinken«.

Das war nicht jedermanns Geschmack.

Der Bergdoktor

Der Mensch braucht Probleme

Als ich gestern einem sehr guten Bekannten begegnete, war ich etwas überrascht.

Er ist als Manager der mittleren Ebene überaus sportlich, macht seine morgendlichen Fitnessläufe und lebt auch sonst ganz bewusst und gern gesund.

Nur all das sah man ihm gestern nicht an.

Er ging sehr langsam – meine Freundin würde sagen, er kroch – und als ich mit ihm harmlos plaudern wollte, antwortete er mit leicht verzerrtem, aber nicht unfreundlichem Gesicht, eher schreiend.

Übrigens aber sehr selbstbewusst:

»Weiterbildung, Power-Talking, ein heißer Tipp.«

Er nahm vor kurzem an einem ganzheitlichen Seminar für Führungsstrategien teil, wie er mir erzählte. Beim persönlichkeitsstärkenden Lauf über glühende Kohlen hat er sich seine Fußsohlen verschmort.

»Kleine Konzentrationsschwäche!«, rief er mit belegter Stimme, *»aber das themenzentrierte Rebirthing hat eine emotionale Fachintuition bewirkt.«*

»Gratuliere«, befand ich, aber er humpelte schon weiter.

Tja, man lernt eben nie aus …

Sportliche Nichtsportlerin

Ich nehme an, sie verzeiht mir, denn ich verwerte heute die Bekanntschaft mit einer Journalistin zu einer Story.

Lilly ist fünfzig Jahre alt und hat etwa siebzig Kilo Übergewicht.

Lilly lacht gern, lebt gern, liest gern, aber Sport ist für Lilly ein Graus.

Bewegung nur so viel wie absolut nötig.

»Aber bitte«, sagte ich kürzlich zu ihr, »du *bist* eine Spitzensportlerin! Im Fitnesscenter machen die härtesten Bodybilder mit der siebzig Kilogramm-Hantel spätestens nach zwei Stunden schlapp. Aber Du hältst das locker zwölf bis vierzehn Stunden am Tag aus. Trotz deiner zwei Packungen Zigaretten. Eine Gewaltleistung. Ehrlich. Da ist ein österreichischer Olympionike ein armes Hascherl gegen dich. Nehmen wir doch einfach ein ganz normales Tagestraining von dir. Allein das Aufstehen aus dem Bett ist schon ein Krafttraining und dann das Aus- und Anziehen. Das Klettern in die Badewanne und wieder heraus, das Schuhezubinden, das zeitweise Stiegensteigen, die vielen Kniebeugen beim Hinsetzen und Aufstehen. Zwischendurch höheres Lauftempo, weil Du spät dran bist, damit noch stärkerer Kilowatt-Umsatz. Also allein mit deinen alltäglichen

Anstrengungen, liebe Lilly, gehörst Du zu den sport-
lichsten Nichtsportlerinnen dieses Landes!«

In der Unfallambulanz

Bin ich ein unsportliches Fossil?

In unserem Stiegenhaus bin ich der Einzige, der nicht joggt.

Das Laufen hat mir nie recht zugesagt. Ich bekomme Knieweh davon. Das Grundübel liegt vielleicht in meinen Turnschuhen, sie sind auch nicht in Form. Also, auf ins Geschäft!

Mit einem freundlichen: »Ich hätte gern ein Paar Turnschuhe!«, betrete ich das Sporthaus. Die Blicke der jungen Verkäufer mit Gelfrisuren sprechen Bände.

Ob sie in mir ein Fossil oder gar einen Außerirdischen vermuten, ist unklar.

»Brauchen Sie Tennis-, Walking-, Gelände-, Roadrunning-, Trekking- oder Trail-Schuhe?«

»Nun, ich wollte eigentlich einen Turnschuh.«

»Mit oder ohne Airdämpfung?«

Dass »Air« in Turnschuhen vorkommt, merkt man spätestens am Abend eines Sommertages. Ich dachte aber, dass das Aroma mit warmen Füßen zusammenhängt. Oder »duftet« vielleicht gar die Airdämpfung?

Ob Geldämpfung besser riecht?

Die atmungsaktive Oberfläche klingt gut, da ich beim Laufen kurzatmig werde.

Turnschuhe gibt es nicht, also wähle ich grüne Schuhe mit blauen Streifen.

»Haben wir in Größe 46 nicht. Grün gibt es in 44!«

Meine künftige gazellenartige Erscheinung beim Joggen scheitert schlicht am Fehlen von *Turnschuhen*!

Tidi

Das gesunde Turnen

Weniger ist auch wertvoll

Laut Statistik ist der Österreicher heuer bereit, mehr Geld für Sport und Gesundheit auszugeben als im Vorjahr. Der Markt boomt.

Sportausrüstungen und -geräte verkaufen sich wie warme Semmeln. Sporteln ist in. Die perfekte Adjustierung ist noch mehr in. Ohne adäquate Ausrüstung traut sich kaum jemand, sich im Fitnesscenter blicken zu lassen.

Der Fahrradcomputer speichert alle Daten und Liter Schweiß pro Minute. Der Pulsmesser piepst. Hoffentlich rechtzeitig, bei grenzwertiger Herzbelastung. Sich im Grenzbereich zu bewegen ist in.

Gar viele Österreicher wollen weder noch dürfen sich in diesem Bereich aufhalten. Das bedeutet aber nicht, dass man *nichts* tun soll.

… Uns macht es großen Spaß, vierzig Kilometer Rad zu fahren. Hinten im Radkorb liegen eine unsportliche, gute Jause, ein Fernglas und eine Decke zum gemütlich Sitzen im Grünen. Die Tour dauert vielleicht fünf Stunden. Wir haben uns an Blumen, Vögeln und Landschaft erfreut, Frischluft und Bewegung gehabt, den Tag insgesamt genossen und innerlich »aufgetankt«. Die Insportler liefen zwar im Grenzbereich und haben Rekorde gebrochen, aber die Lerche und die Wiesenblume blieben ungesehen auf ihrer Strecke ...

Tidi

Kosmetik-ABC

Die junge Dame vor der Tür wollte mit meiner Frau sprechen, aber da sonst niemand zu Hause war, nahm sie mit mir vorlieb. Sie war Vertreterin einer Kosmetikfirma mit Hausbetreuung.

Dies erklärte ihre »aufgedonnerte« Erscheinung. Denn sie trug einen Großteil des Warenangebotes in ihrem Gesicht und auf ihren Händen und – der Duftwolke nach zu schließen – auch sonst überall.

Ihr Warenkatalog in Telefonbuchstärke beginnt mit der Tiefenpflege – wie bei alten Autos – gefolgt von einem Grundbalsam – der dürfte dem Porenfüller für Altholz entsprechen – die Basispflege schließlich bildet den Haftgrundlack.

Bei Unebenheiten verwende ich Moltofill. Die Dame bot Ähnliches gegen Falten an (allerdings unter einem anderen Namen).

Nach dreiundzwanzig Seiten Oberflächenfinish kamen wir zur Augengestaltung.

Die Dame wird lyrisch, die Farbenpracht ist umwerfend, so auch die Preise.

Was alles um Augen aufgeschmiert wird, glaubst Du kaum! Auf meine Frage, wie man das ohne Drahtbürste entfernen könne, antwortete sie: »Mit einem Augen-

entferner!« – »Wie bitte?« – »Augenentferner!« Ob
das ein Versprecher oder ein neues Präparat war, weiß
ich bis heute nicht.

Meine Frau wird *das* aber nicht bekommen – nicht
einmal meine Schwiegermutter …

Tidi

Kahlkopf

Bei der Glatze unterscheiden wir zwei Erscheinungsformen, die freiwillige und die unerwünschte.

Letztere präsentiert sich manchmal mit Toupet oder als »falsche Behauptung«.

Die Glatze zählt zu den Urängsten der Männer.

Eine Möglichkeit, dem Kahlschlag zu entgehen, sieht ein britischer Forscher im Alkoholkonsum.

Wer sich regelmäßig besäuft, verliert zwar sein Gedächtnis, Job und Freunde, aber nicht seine Haare.

Der Grund liegt in der Wirkung des Alkohols auf die männlichen Hormone.

Womit »mann« vor der Entscheidung steht: entweder eine kaputte Leber und nichts mehr im Hirn, aber dafür einen Lockenkopf – oder Kahlschlag.

Andere Naturheilverfahren versprechen positive Ergebnisse mittels der Kartoffelkur.

Um ein möglichst wirkungsvolles Resultat zu erzielen, rührt man ein Kartoffelpüree an und trägt dieses mit 39° Hitze auf die Problemzonen zwei Zentimeter dick auf, deckt diese mit einer Folie ab, umwickelt sie mit einem Handtuch und hält so die Temperatur.

Dieser Turban muss *genau fünfundfünfzig Minuten* lang halten.

Die Wirkung ist genauso gut wie bei vielen anderen Naturheilverfahren.

Natürlich gibt es auch Kahlkopfignoranten, die mit ihrem verlängerten Gesicht humorvoll umgehen und behaupten: »Glatzköpfe sind deshalb sooo fröhliche Menschen, weil sie sich nie in die Haare kriegen.«

Welches Organ ist die Meisterleistung der Natur?

Zu den Spitzenreitern der Hitliste zählen Herz, Nieren und in manchen Fällen auch das Hirn.

Na ja, diese Organe werden gebraucht, aber seltsamerweise denkt man selten an die Haut, als wäre sie nur eine »Verpackung« für unseren Körper (so ähnlich wie die Plastikfolie über der Wurst im Geschäft).

Unsere Schutzfolie besitzt aber die Eigenschaft, uns am Leben zu erhalten.

Oft ärgert man sich über Wimmerln, rote Flecken und Schweiß, weil sie jucken oder brennen und lästig sind.

Wenn man aber bedenkt, was wir unserer Haut antun mit Schmutz, Wärme, Kälte, reizenden Putzmitteln oder verschiedensten Substanzen – muss man ja staunen, dass unsere Haut nicht in Frührente geht!

Bei dem geringsten Stechen im Brustkorb fährt man ins Krankenhaus. – Bei der geringsten Reizung der Haut wird bloß geschimpft. Dabei ist sie empfindlich, denken Sie nur an die kleine Mücke am Bein …

Zu viel Sonne ergibt eine Rötung, aber das tut heißes Wasser auch. Nun, vor heißem Wasser haben wir Angst, vor der Sonne nicht!

Vielleicht ist unsere Haut bald beleidigt, vielleicht vergisst sie nicht …

Tidi

Farbe bekennen

Die Hautfarbe ist genetisch bedingt, so hat ein Nordländer meistens eine hellere Hautfarbe als etwa ein Südtiroler.

Dieser Umstand bringt für mich eine schwere Belastung, denn wie soll ich je dem Idealbild des mediterranen Playboys nahe kommen – speziell die tief palisanderbraune Hautfarbe kombiniert mit der weißen Badehose.

Ich hab' es wohl versucht, aber irgendwie ist es nicht so recht gelungen. Nach dem achtstündigen Sonnenbad nahm meine Haut eine schweinchenrosa Farbe an.

Gegen Mitternacht war ich rot.

Diese Farbe ergibt mit einer weißen Badehose zwar eine liebe rot-weiß-rote Kombination, aber ohne jene Anziehungskraft, welche die Gigolos in Ibiza besitzen.

Meine Farbenpracht ging in den nächsten Tagen in eine weiße Schuppung über. Die Haut bröselte wie Schneeflocken herunter.

Nach diesem Schauspiel habe ich wieder meine Originalfarbe.

Diese Übung hat wehgetan und im Endeffekt nichts gebracht. Meine Haut war nur beleidigt.

Ich werde mein Vorbild der palisanderfarbenen Haut mit weißer Badehose doch streichen müssen.

Helle Haut mit palisanderfarbener Badehose ist ja auch eine hübsche Variante …

Tidi

Jährlich zu dick

Jetzt ist es wieder so weit!

Jedes Jahr um diese Zeit wird in den Gazetten geschrieben, dass ICH zu dick bin.

Weg mit dem Winterspeck!

Vielleicht meint man nicht nur mich, sondern die anderen fünf Millionen Österreicher auch.

Damit wir auch alle wissen, wie wir aussehen sollen, werden fortlaufend Fotos von blutjungen, sehr schlanken Mädchen in Badeadjustierung gezeigt.

Ich schließe nicht aus, dass diese an Magersucht leiden.

Wenn ich mich betrachte, sehe ich wohl, dass dort, wo die Taille sein sollte, eine gewisse Ausbuchtung vorliegt. Aber ob das jetzt Fett ist oder weiche Muskulatur, bleibt unklar.

So übergewichtig bin ich wiederum auch nicht.

Und unter uns gesprochen, so aussehen wie dieser Typ auf dem Bild möchte ich ja gar nicht.

Ich müsste mich zunächst um gut dreißig Jahre verjüngen und das geht nicht. Will ich auch gar nicht! Essen dürfte ich in den nächsten Monaten auch nicht. Abgesehen von hungrig, würde ich auch garantiert grantig werden. Schlussendlich wäre mein Aussehen nicht mehr *ich* – und das will ich weder mir noch meiner Frau antun!

So habe ich beschlossen zu bleiben, wie ich bin.
Aber ich passe auf beim Essen, denn es soll ja nicht unbedingt mehr werden von mir …

Tidi

☺ ☺ ☺
☐ ☐ ☐

Fettfresser

Das Werbeplakat gefällt mir sehr gut!

»Abnehmen mit
FETTFRESSERKAPSELN;
8 Kilo weniger in 6 Tagen,
ohne Hunger, Diät oder körperli-
che Anstrengung!«

Na also, dann habe ich bis zum Las Palmas-Urlaub zweiundzwanzig Komma sechs Kilogramm weniger. Und das
wäre nicht so dumm, denn dann käme meine XXL-Ba-
dehose – die klein geschnitten ist – besser zur Geltung.

Aber wie funktionieren diese Kapseln?

Das, was ich esse, werden die *Fettfresser* wegfressen,
das verstehe ich ja noch. Da sie locker mein Schnitzel
mit Pommes vertilgen, werden sie kräftige Zähne und
einen mordsmäßigen Hunger haben. Wenn ich zu
wenig esse, was ist dann?

Sie werden schon hungrig sein, und fangen womög-
lich an, mich von innen anzuknabbern.

Falls ich nicht rechtzeitig eine Zwischenmahlzeit
einlege, nagen sie sich sicherlich durch meine Magen-

wand durch. Aber ich kann nicht mehr essen als ich ohnedies tue. Oje, das wird brenzlig! Mein Hausarzt verbietet Zwischenmahlzeiten, also werde ich die Kapseln
wohl weglassen müssen.

Schade, ich wollte so gern die zweiundzwanzig Komma sechs Kilogramm los werden – wegen der Badehose,
versteht sich …

Tidi

Für die Gesundheit

Diät-Schweinereien

Immer mehr Menschen fahren lieber in der Vorsaison ans Meer, um sich von jenen *frechen Schweinen* zu erholen, die häufig »*fettes Schwein*« zu ihnen sagen.

Dabei kommt man sich wie ein *armes Schwein* vor, wenn einem die vielen Diäten einfallen, die augenscheinlich das Gegenteil bewirken.

Eigentlich warst Du ja ein *dummes Schwein*, weil Du immer wieder auf Sprüche wie »schlank ist schön« reingefallen bist.

»Blitzdiät: 7 Kilo in einer Woche.«

Wer nicht mitmacht, ist ein *faules Schwein*.

Um diesen *Schweinereien* zu entgehen, fährst Du in der Fastenzeit lieber auf Urlaub.

Denkst Dir »*Schwein gehabt*« und freust Dich aufs abendliche Büffet.

Doch irgendein *Wildschwein* hat bereits die gesamte Marzipan-Torte aufgefressen.

Der Scampi-Cocktail ist auch schon weg.

Und überhaupt, wie's hier ausschaut, eine schöne *Sauerei*. Da vergeht einem ja glatt der Appetit!

Mein Chef und ich ...

... wir werden uns wohl nie recht verstehen.

Ich möchte jung und gesund bleiben, um für meinen Chef noch zwanzig Jahre arbeiten zu können.

Dazu ist die richtige Ernährung sehr wichtig.

Am Wochenende pflüge ich durch die Gesundheitsseiten der Zeitungen und lese Bücher wie *Ewig jung* oder *Mein Dickdarm*.

Wie man liest, braucht man nur sechsmal täglich Obst und Gemüse zu essen und dreimal täglich üppigen Stuhlgang zu haben!

Auf meinem Schreibtisch liegen Äpfel, Krautkopf, Karotten und Sellerie. Schön geschlichtet und sehr zur Verwunderung meines Chefs.

Um neun Uhr wollte er einen Brief diktieren, aber ich musste Kraut und Äpfel blättrig schneiden, sonst schaffe ich heute keine sechsmal Obst!

Um zehn Uhr suchte er mich, da war ich allerdings mit planmäßigem Stuhlgang beschäftigt.

Die Elf-Uhr-Besprechung kollidierte mit meinem zweiten Gemüseteller.

Um dreizehn Uhr machte ich Pause mit einem herrlichen Salatteller samt Spurenelementen.

Um fünfzehn Uhr berief mein Chef eine Sitzung ein.

Ich kam nicht, weil ich ebenfalls eine Sitzung hatte. Es war schön, dass mein Darm so klanglos funktionierte.

Ein Apfel vor Dienstschluss rundete meinen Tag ab.

Der Chef wollte auch abrunden – mein Dienstverhältnis!

Gesund sein zu wollen, ist schwer …

Tidi

»Möglichst alles schwarzsehen und niemals mit der Zeit gehen!«

Fortschrittsglaube und Jugendwahn

Die negativste Sichtweise

Österreich schläft zurück

Die unverdauten Tagesreste

Lachen stört die Arbeitsmoral und das Betriebsklima

Ist Lachen verfassungswidrig?

Macht Rauchen dick?

Weniger Grips

Tausche Migränemittel gegen Rheumasalbe!

Ein Prost auf die Getränkesteuer

»Einen Cognac will ich haben«

Abhängig von der Flasche

Supersenior

Sommerfüße

Zungenpiercing – eine Story für Kids

Längquietsch oder die Sprache der Kids

Liebe »On-line«

Handy oder Zahnbürste

Die negativste Sichtweise

Im Gegensatz zum Lachen zählt das Jammern zu den kommunikativen Ausdruckformen, die zur Zeit einer starken Diskriminierung ausgesetzt sind. Es findet kaum gesellschaftliche Beachtung, wurde bislang weder gefördert noch kompetent gelehrt.

Umso erfreulicher ist es, dass eine »Denk-Gesellschaft« in Deutschland ein Seminar für Lebensgestaltung »Jammern im Alltag« anbietet. Von speziell geschulten Kommunikationswissenschaftern lernen Sie, worauf Sie beim Jammern besonders achten sollen.

Die *fünf Grundprinzipien des Gruppenjammern* sind:

1. *Aufmerksamkeitsjammern,*
2. *einschmeichelndes Jammern,*
3. *Zuwendungsjammern,*
4. *gezieltes Bestätigungsjammern,*
5. *Präsentationsjammern.*

Wichtig bei jeder jämmerlichen Darstellung ist die geschulte Stimmführung.

Vor allem die Intonation, das gepresste Aufwürgen, unterdrücktes Schluchzen und das stoßweise Atmen müssen als Basisinstrumente des geschulten Jammerns besonders trainiert werden.

Jammern ist ein gutes Mittel gegen Heiterkeit und Humor.

Das hat schon Wilhelm Busch erkannt: »Humor ist die List, zu lachen, wenn's zum Weinen ist.«

☺ ☺ ☺
☐ ☐ ☐

Österreich schläft zurück

Meine Schlaflosigkeit überrascht mich nicht.

Sie entspricht der Zeiterscheinung, die mir empfiehlt, vor den vielen Tatsachen nicht die Augen zu verschließen.

Außerdem bin ich an meinen Einschlafstörungen selber Schuld.

Seit fünf Monaten hab' ich keinen Fernsehapparat mehr und damit auch keine richtige Vorbereitung auf die Nachtruhe.

Das TV-Unterhaltungsprogramm versuche ich nun durch Kindersprüche zu ersetzen:

»Müde bin ich Känguru, drehe meinen Geldhahn zu, lege meine Ohren an, und schlaf, solang ich schlafen kann.«

Wie beim Fernsehen setzt die Schlafwirkung nach mehreren Wiederholungen schnell ein.

Nur bei hartnäckigen Einschlafproblemen zähle ich bis fünf, dann bin ich weg.

Manchmal wird's auch sechs ... aber da steh' ich dann sowieso auf.

Mein Gott, wenn ich an meine Jugend zurückdenke:

>>Manch' zartes Fleisch in dunkler Nacht,
hat just mich um den Schlaf gebracht.<<

Heute beschäftigen mich zu finstrer Stunde die Spar-
maßnahmen der Regierung:

>>Und denk' ich an mein Einkommen in der Nacht,
dann bin ich wieder um den Schlaf gebracht.<<

☺ ☺ ☺
□ □ □

Die unverdauten Tagesreste

Ich schnarche in der Nacht und meine Freundin knirscht.

Das heißt nicht, dass meine Freundin mein nächtliches Schnarchen zähneknirschend akzeptiert. Nein, sie scheppert unabhängig von mir mit den Zähnen.

Damit gehören wir beide zum großen Kreis der Schlafgestörten.

Das Schnarchen und Zähneknirschen ist natürlich von uns beiden bestens organisiert.

Laut Experten-Meinung leiden sehr viele Menschen an Schlaflosigkeit.

Die absolute Mehrheit der Bevölkerung knirscht entweder oder schnarcht um die Wette.

Kaum legt man sich ins Bett, schon legen sich die unverdauten Tagesereignisse dazu und drücken einen.

Ein Trick, den ich manchmal mit Erfolg anwenden konnte, funktioniert so: Die Türe vom Büro zumachen und der liegen gebliebenen Arbeit zurufen: *»Aber ihr bleibt's da!«* und schnell zweimal zusperren.

Gelingt jedoch nicht immer.

Bisweilen ist mein Schnarchen so laut, dass ich davon munter werde.

Da nützt es auch nichts, wenn ich mich in ein anderes Zimmer lege.

Mein Schnarchen ist nur für meine Freundin eine echte Entspannung.

Weil sie davon munter wird und sich so von ihrem Zähneknirschen erholen kann.

☺ ☺ ☺
☐ ☐ ☐

Lachen stört die Arbeitsmoral
und das Betriebsklima

Humor hat in der Arbeit so wenig verloren wie Ratten in der Hotelküche.

Arbeit ist nämlich eine ernste Sache.

Lachen während der Arbeit stört die Arbeitsmoral und das Betriebsklima.

Das wissen nicht nur viele Vorgesetzte, sondern auch die Lehrer in den Schulen.

Andererseits ist von alters her bekannt, dass einem Humor und Lachen eine angenehme Distanz zu einer momentanen, vielleicht getrübten Stimmung verschaffen. Wer lacht, schaltet das Großhirn ein und kann dadurch vieles besser einschätzen.

Manche Ereignisse lassen sich eben erst mit einem gewissen Abstand genauer betrachten.

Erst wenn die Ökonomie einmal erfährt, wie wichtig Humor für die Qualität und Quantität des Outputs sein kann, wird uns die chemische Industrie ihre neueste Erfindung präsentieren:

»Lachen in Zäpfchenform. Zum Einführungspreis.«

Ist Lachen verfassungswidrig?

Ein Sprichwort lautet: »Die beste Droge ist ein klarer Kopf!«

In der Zeitung »Darmstädter Echo« *rät die Kriminalpolizei:* »Informieren Sie sich über Rauschgift, sprechen Sie mit Ihrem Kind!«

Ein Chatter: »Ich bin 10 Jahre alt, Kettenraucher, Weinliebhaber, aber aus Weibern mache ich mir nichts.«

Mein Hausarzt: »Ja, ja, zwei Achterl Rot treiben die bösen Geister aus, aber ab dem dritten trinkt man schon wieder Brüderschaft mit ihnen.«

Das sind ein paar Gedankensplitter zum Thema Sucht.

Aber vielleicht ist ein Abstinenzler auch ein Süchtiger, weil er sich an der Nüchternheit berauscht.

Eine andere Droge – leider seit Jahren stark rückläufig – ist der Humor und das Lachen.

Der überwiegende Teil der Menschheit hat jahrelang gelernt, *ernst zu schauen:* im Büro, hinterm Schalter, hinter der Werkbank, beim Jogging, Shopping oder Eventing.

»Ernst schauen« ist Bildungssache und souverän.
Wer lacht, macht sich lustig und DAS tut man nicht.
Lachen ist anarchistisch. Es stört jede Hierarchie –
die äußere wie die innere.
Lachende Menschen sind *fröhlichkeitsabhängig.*
Sie selbst verpassen sich Glückshormone: Serotonin,
Endorphin, Enkephalin, Gamma Interferon. Sie beein-
flussen Ihr Immunsystem, lachen sich Ihre Erkältung
aus dem Hals und sind nach einer Dosis von zehn Mi-
nuten Lachzeit nicht mehr wieder zu erkennen.

Da sollte die Behörde doch einschreiten …

☺ ☺ ☺
☐ ☐ ☐

Macht Rauchen dick?

»Dass Rauchen schlank macht, stimmt überhaupt nicht!«, meinte die Dame mir gegenüber. »Schaun'S mich an! Ich hab' fünfunddreißig Kilo Übergewicht bei zwanzig Zigaretten täglich.«

☺ ☺ ☺
☐ ☐ ☐

Weniger Grips

»Na, wo sind denn meine Zigaretten? Irgendwo habe ich sie doch hingelegt?« Und dann sucht man und sucht.

Aber keine künstliche Aufregung.

Diese Vergesslichkeit ist eine ganz normale Verfallserscheinung.

Bei fast jeder Sucht, also auch beim Rauchen, werden die geistigen Fähigkeiten schneller abgebaut.

Es hat also nicht nur die Lunge was von der Zigarette, sondern auch das Gehirn und die paar in der Umgebung liegenden Organe und Blutgefäße.

Eine britische Forschertruppe hat eine Gruppe von sechshundertfünfzig Senioren auf ihre Rauchgewohnheiten untersucht.

Dank Intelligenztests stellten sie fest, dass der gesteigerte Gedächtnisschwund weniger mit Demenz oder Alzheimer zu tun hat, als mit der Nikotinsucht.

Bei Rauchern ist viermal so häufig ein »deutlicher Rückgang« der geistigen Fähigkeiten festzustellen wie bei Nicht- oder Ex-Rauchern.

Das ist erstens logisch und zweitens beruhigend.

Logisch deshalb, weil Ihnen das jeder Mediziner erklären kann! – und beruhigend, weil man die ansteigende Vergesslichkeit nicht mehr mit Demenz und Alzheimer entschuldigen muss, sondern mit dem Rauchen:
»Ich bin ja nur deshalb so blöd, weil ich rauche!«

Schlimm wird es nur, wenn Sie einmal auf Grund Ihrer Sucht gänzlich aufs Rauchen vergessen.
Dann sollten Sie schnellstens einen Arzt aufsuchen.

☺ ☺ ☺
☐ ☐ ☐

Tausche Migränemittel gegen Rheumasalbe!

Der Mensch unserer Zeit pflegt häufig eine recht liebenswürdige Leidenschaft und zwar das Sammeln.

Auch in meinem Bekanntenkreis gibt es einige, die schon über fünfzig Uhren haben, stapelweise Alben voller Briefmarken, mehrere Oldtimer, Garnituren von Füllhaltern und vieles mehr.

Neu war mir indessen das Sammeln von Medikamenten.

In den Hausapotheken der Österreicher lagern zu Tonnen Medikamente und warten nur darauf weggeschmissen zu werden.

Aber wohin? Ins Klo?

»Es sind ja möglicherweise hochwirksame Mittel, die da ins klare Gewässer abzischen, und wir wissen ja noch gar nicht, was so ein Abführmittel im Regenwurm bewirkt, oder wieviel Stuhlgang die Bachforelle braucht?«

Zurückgeben?

Da würde sich doch der Apotheker krank lachen, weil man ja etwas gekauft hat, was man nun doch nicht braucht.

Außerdem überkommt einen so ein ungutes Gefühl, dass, wenn man die Pillen wegwirft, die Krankheit vielleicht wiederkommt?

So eine Art negativer Placeboeffekt.

Also sammeln wir die ganzen Allheilmittel.

Aber möglicherweise kommt ein gewiefter Sammler auf die Idee, eine Tauschbörse einzurichten: »Tausche drei Packungen Migränemittel gegen eine Tube Rheumasalbe!«

Eventuell sogar im Internet, also weltweit …

☺ ☺ ☺
☐ ☐ ☐

»Nur ja keine Medikamente wegwerfen!«

Ein Prost auf die Getränkesteuer

Keine Politik in diesem Buch.

Auch keine spitzen Bemerkungen gegen die längst fälligen Maßnahmen und Reformen.

Zum Beispiel gegen die Getränkesteuer.

Jetzt ist das Bier endlich billiger. Juchee!

Na, wenn das kein Grund zum Feiern ist?

Mit einem grölenden Liedchen vielleicht:

> »Wenn trocken Deine Kehle,
> dann füll' sie voll mit Bier!
> Damit's daran nicht fehle,
> ja, darum sind wir hier!
> Das Bier, das wir schon tranken,
> das macht uns gar nicht dumm.
> Es ließ den einen wanken,
> der andre fiel bald um.
> Ist Dir was nicht geheuer,
> trink an Dir Lebensmut
> und freu' Dich auf die Steuer,
> jetzt geht's uns wieder gut.
> Doch ist der Spaß
> schnell wieder vorbei,

schaust Du in den Spiegel
und heraus schauen zwei.
Und wenn Dich Deine Mama
spät abends mal vermisst,
dann hast Du statt der Anna,
den Randstein geküsst.«

☺ ☺ ☺
☐ ☐ ☐

»Ery's sind Blutkörperchen. Ein Normalmensch hat
4 000 000 Stück davon in einer Probe!«

»Einen Cognac will ich haben«

Nicht jedes Kind hat so wohlmeinende Eltern wie der Pepi aus meiner Nachbarschaft.

Der Pepi ist fünf, schätze ich, spricht ebenso viele Sätze und schläft manchmal unruhig, sagen seine Eltern.

Für Papa und Mama ist es oft schwierig am Abend auszugehen, weil der Pepi gar so schwer einschläft.

Weil seine Eltern es aber gut mit ihm meinen, bekommt der liebe Bub vor dem Schlafengehen ein in Cognac getränktes Stück Zucker zu lutschen. Wenn das nicht hilft, gibt's noch ein zweites Stück.

Das hat er gern, der Pepi, und er hat seinen wichtigsten Satz »einen Cognac will ich haben« auch schon früh gelernt.

Bekommt er sein Quantum, schläft er verlässlich.

Er verträgt schon einiges, was aber kein Wunder ist, denn er hat bereits zehn Kilo Übergewicht.

Darüber braucht sich der fünfjährige Pepi aber heute noch keine Sorgen zu machen.

Vielleicht später, wenn er zwanzig Jahre alt ist.

Aber dann gibt es ihn ja immer noch – den Cognac.

Eine Flasche am Abend, aufgelöst in einer Familien-packung Baldrian, zügig mit einem Strohhalm ausge-trunken, reicht, um kräftig mit der Stirn gegen den Tür-stock schlagen zu können.

Das wirkt zwar nicht mehr ganz so wie früher der Zuckerwürfel, aber es beseitigt unnötige Hemmungen ebenso wie moralische Bedenken und ist somit ein so-lider Schutzwall gegen das Elend dieser Welt.

Zumindest für einige Stunden.

☺ ☺ ☺
☐ ☐ ☐

Abhängig von der Flasche

Wir sprechen an dieser Stelle nicht von jenen Menschen, die sich von hochprozentigen Getränken ernähren, sondern von der ganz jungen Jugend, von den null- bis dreijährigen Kindern.

Aus allen Kinderwägen hört man ein Schmatzen und Schlürfen, wenn Babies ihre Nuckelflaschen bearbeiten. Heutzutage kann kein Kind ein Geräusch von sich geben, ohne dass ihm eine Flasche ins kindliche Goscherl geschoben wird. Dabei wollte Junior doch nur etwas sagen.

Die Getränke rinnen pausenlos durch die Kindergurgeln – was rein ökonomisch betrachtet gut ist. Die Saftproduktion steigt und der Windelverbrauch auch, denn Kinder sind schlau konstruiert: Was man oben einfüllt, rinnt unten wieder aus. Die Kleinen würden sonst gar zu schnell wachsen.

Zur Ruhigstellung eines Normalkindes braucht man null Komma fünf Liter Saft pro Stunde. Bei zwei Litern haben die Eltern somit vier Stunden »Aktionsradius«. Ein Kinderwagen mit einem Zehnliter-Tank wäre ein Segen!

Dass die Zähne ihrer Sprösslinge unter der Saftbehandlung leiden, ist nebensächlich – sie sitzen schief, sind braun und löchrig – denn es herrscht Ruhe im Kinderwagen. Übrigens wachsen die neuen Beißerchen bald nach.

Praktisch …

Tidi

Supersenior

Was ist eigentlich »die Jugend«? Ein Geburtsdatum? Ein Zustand? Ein Beschäftigungskriterium? Oder nur eine Etappe im Leben?

Bei den heutigen Fortschritten in der Medizin muss sich eine Sechzehnjährige schon anstrengen, um so jung auszuschauen wie ihre Mutter.

Es ist vorbei mit dem Altwerden. Stur Jungbleiben, das macht Spaß und ist gesund.

Sechzigjährige überlegen nicht mehr, wie sie ihren einundsechzigsten Geburtstag erreichen können, sondern wie sie hundert Jahre alt werden.

Klar hat dieser Eigensinn etwas Exzentrisches und Intolerantes.

Altern wird immer unpünktlicher.

Es *kommt* immer später.

Hat früher der Senior seine Sekretärin um den Tisch gejagt, so weiß er heute auch warum.

Das Leben ist ein Marathonlauf, bei dem die Alten die Schrittmacher sind.

Beim Joggen ist das Durchschnittsalter der Fitness-»Jünger« schon so gestiegen, dass man sich einen neuen Begriff überlegen muss.

Der Unterschied zwischen Jung und Alt besteht nur noch in der sportlichen Ausstattung: Handys und Stoppuhr für die Jungen, fröhliches Lachen für die Alten.

So kriegt die Zukunft wieder neuen Spielraum, wenn es heißt: »Lauf schneller Jugend, das Alter ist hinter Dir her!«

Sommerfüße

Kalte Füße sind unangenehm, und so schützen wir uns mit Socken.

Bei höheren Temperaturen werden Füße gerne warm und feucht, besonders in luftdichtem Schuhwerk. Auch hier sind Socken sinnvoll, da sie die durch die Fußwärme produzierte Flüssigkeit aufsaugen.

Nach längerer Dienstzeit können Socken eine gorgonzolaartige Geruchsbelästigung entfalten. Mit Hilfe der Waschmaschine können sie jedoch recycelt werden.

Frauen tragen im Sommer kaum Socken, damit ihre lackierten Zehennägel besser zur Geltung kommen.

Bei Männern galten fehlende Socken früher als ein Armutszeichen.

Heute ist das Tragen von Socken ein Zeichen von hoffnungslos altmodischer Einstellung oder gar Senilität. Der moderne Mann steckt seine nackten Füße in Lederschuhe – möglichst in Kombination mit einem Markenanzug. Dies verleiht seiner Gesamterscheinung einen künstlerischen Touch.

Intellektuelle Füße werden aber ebenso warm und »saftig« wie weniger gescheite und was ist dann?

Die Schuhe in die Waschmaschine? Schließlich freut sich meine Frau schon, diese mittels Feinwaschmittel zum Duften zu bringen.

Ich bleibe in meinen Socken.

Tidi

☺ ☺ ☺
☐ ☐ ☐

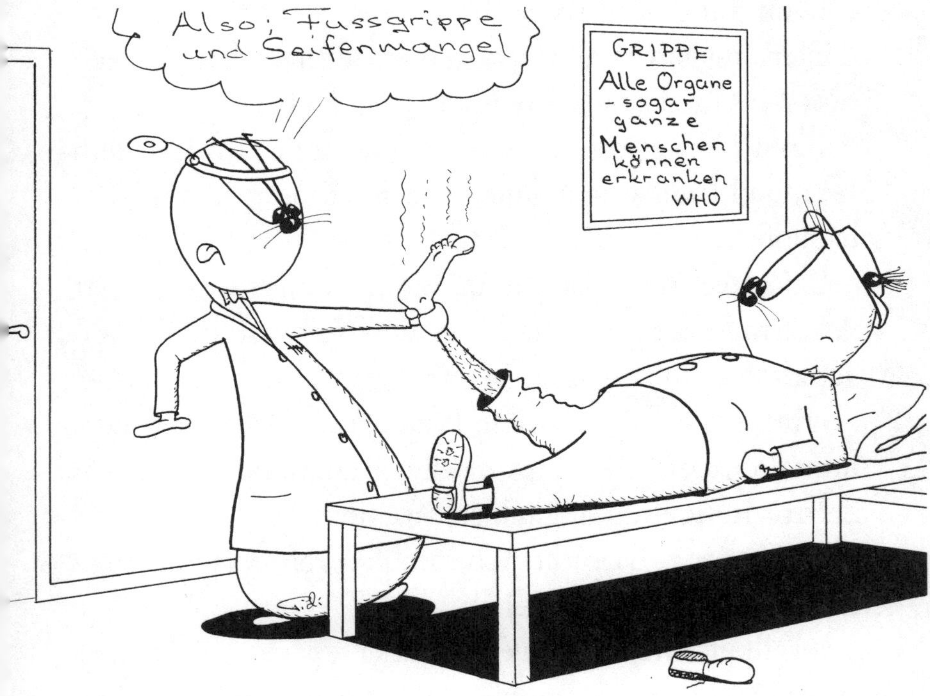

Ganz wichtig: Körperpflege hält gesund!

Zungenpiercing – eine Story für Kids

Ich habe lang überlegt, wie ich humorig übers Piercen (›Durchstechen‹) schreiben kann.

Das ist wirklich nicht so einfach.

Ich bin generationsmäßig schon ein wenig über das Nasenpiercing hinaus und habe eher negative Erfahrungen mit dem Piercen.

Piercing gab es nämlich in den siebziger Jahren auch schon, aber eher unfreiwillig.

Beim Herumtollen auf einer Baustelle. Da hat man sich leicht mit einem aufstehenden Nagel die Fußsohle gepierct.

Oder, wenn wir über einen Zaun geklettert sind, hat der Stacheldraht einen an den intimsten Stellen gepierct.

Ich habe mir in meinem besten Piercingalter (sechzehn Jahre), dank eines blöden Remplers, mit einem Zahnstocher die Zunge durchstochen.

»Grei Gage konnke ich nichk egen.« (Drei Tage konnte ich nicht reden.)

Aber glaubt mir, niemand hätte damals geglaubt, dass diese Verletzungen Mode werden könnten.

In einer Jugendzeitschrift habe ich unter der Rubrik »Piercing« einen verzweifelten Hilferuf unter der Headline: »Hilfe! Ich will nicht verhungern!« gelesen.

Es schreibt die Mary: »Hallöchen, ich habe seit drei Tagen mein Zungenpiercing, meine Zunge ist geschwollen und das Loch sondert eine milchige Substanz ab, ist das normal? Auch kann ich keine Konsonanten bis auf G und K mehr aussprechen. Was soll ich tun? So kann ich bei McDonalds niemals einen Cheeseburger mit Pommes bestellen!!?«

Liebe Mary: »Ich kann Dich in beiden Fragen beruhigen: Erstens ist die milchige Substanz völlig normal. Als ich mir den Zahnstocher in die Zunge gerammt habe, hat auch alles zu eitern begonnen …

Und zweitens: Bestelle statt dem Cheeseburger einen Gig Gäk (Big Mac) mit Coca! Der tut es doch für die nächsten drei Wochen auch. Und denk' daran, jede Mode fordert ihre Opfer. Zu meiner Zeit hat man gesagt: ›Schönheit muss leiden.‹ Das heißt in Deiner jetzigen Sprache: ›Gönkeik gug geigen‹.«

Längquietsch oder die Sprache der Kids

Mit Schulbeginn müssen viele Eltern zum Fremdsprachenunterricht, weil ihre Kinder mit Wörtern nach Hause kommen, die die Erwachsenen sprachlos machen.

Eine Kostprobe samt Vokabeln soll Ihnen helfen, *Ihre Kids* zumindest ansatzweise zu verstehen.

Hey, Mantalette, ich bin ziemlich angepisst, diese Bazonklamotten sind out of time. Mach einen Kreis und geh auf Grün, so bin ich grottenschlecht. Ich brauch stylish Stuff. Sei nicht down low, aber getunte Typen sind megafett.

Mantalette:	Blondine oder auch blonde Mutter
angepisst:	bin verärgert
Bazonklamotten:	geschmacklose Mode
out of time:	nicht zeitgemäß
mach einen Kreis:	hör zu!
geh auf Grün:	beruhige Dich!
grottenschlecht:	voll daneben
stylish Stuff:	schöne Kleidung
down low:	deprimiert sein
getunt:	gut drauf, angeben
megafett:	besonders toll

Nun sind Eltern von Schulkindern ja keine Loser und auf sure so trendy, dass sie gleich Gas geben und hypertonisch die neue Längquietsch lernen, damit sie ihre Kinder verstehen können und umgekehrt.

Liebe »On-line«

Moderne Erotik setzt sich zusammen aus einem Flatscreen, einem Rechner plus integriertem Modem mit Internetzugang und einem Mausi.

Mittels diesem technischem Equipment erhalten Sie Zutritt zu unzähligen Chat-Rooms – den modernen Plauderstuben.

Hier lernen Sie schnell Personen Ihres Vertrauens kennen und schätz(ch)en und ertappen sich plötzlich dabei … dem tja, …, ja: Sie sind verliebt!

Mit rasendem Herzklopfen, dem Kribbeln im Bauch, der erwartungsvollen Schlaflosigkeit, eben mit allem, was dazugehört.

Das Einzige, was noch fehlt, ist der Hautkontakt.

Dafür existieren aber ganz real die Tastatur, der Bildschirm und das Mausi, mit deren Hilfe man den Traumpartner zärtlich streicheln kann.

Ein Chatliebhaber ist eigentlich der ideale Ehemann.

Er raucht nicht, trinkt nicht, verdreckt kein Geschirr, hält den Fußboden sauber und ist Tausende Kilometer weit entfernt.

Sein Chatname klingt genauso hinreißend wie Liebling, Mausi oder Schaaahaatz.

Und es haben sich tatsächlich schon echte Beziehungen entwickelt.

Bis hin zur Planung der virtuellen Hochzeit, die wurde jedoch abgeblasen, weil der Mann bereits fünf Mal verheiratet war und das in *mehreren* Suchsystemen.

Was aber vielleicht FÜR einen realen »Off-line«-Partner spricht: »Lieber live am Busen der Natur, als ›Online-Loving‹ am ›Arsch‹ der Welt.«

Handy oder Zahnbürste

Laut dem Österreichischen Statistischen Zentralamt sind doppelt so viele Handys in Verwendung wie Zahnbürsten.

Der Grund: Handys werden nicht so gerne verliehen wie Zahnbürsten.

Zahnbürsten braucht man ja auch nicht so oft.

Wenn man den Experten Glauben schenken darf, so putzen vierzehn Prozent der Österreicher und Österreicherinnen überhaupt nicht und ein Drittel der Fünfzehn- bis Neunundvierzigjährigen nur fallweise ihre Zähne.

Die Lust am Telefonieren ist da schon bedeutend höher.

Das hat ja auch was mit Lebensqualität zu tun und mit Kommunikation.

Es gibt vierköpfige Familien, die mit einer Zahnbürste auskommen, aber dieselben Familien besitzen jeweils fünf Handys.

Das Telefonieren ist schließlich lebensnotwendig und für die Kommunikation unerlässlich.

Denn mit Mundgeruch lässt sich ja kein konzentriertes Gespräch führen – ich meine so von Angesicht zu Angesicht.

Aus der Rolle fällt erstaunlicherweise die Gruppe der Singles, diese putzen sich deutlich öfter die Zähne als Verheiratete.

Darauf weiß die Forschung noch keine empirische Antwort.

Vielleicht liegt es daran, dass neue Bekanntschaften Mundgeruch oft nicht gleich sympathisch empfinden.

Oder dass Singles einfach nur stärker anderen imponieren wollen, so mit frischem Pfefferminzgeruch – und dem neuesten Handy …

»Bin ich wirklich krank?«

Die Krankheit und ihr Erscheinungsbild

Sinnvoll krank

»Ein Indianer kennt keinen Schmerz«

Die Grippe kommt auf allen Viren

Das Dilemma

Die Durchuntersuchung

Sinnvoll krank

Krankheiten sind in der Regel unerwünschte heimtückische Anfälle, die immer dann auftreten, wenn man sie am wenigsten braucht.

Wie Urlaubstage am Klo, Zahnschmerzen bei Geburtstagsfeier oder … Manche Menschen sehen in Krankheiten aber eine willkommene Hilfe in ihrer Lebensgestaltung. Das Gezielt-Kranksein wird zum Sport. Ohne genauere Sachkenntnisse ist es jedoch sehr schwer, gezielt krank zu sein. Um einen kurzfristigen Krankenstand zu erlangen, genügt das Studium eines einfachen Handbuches wie »Dein Hausarzt«. Hier findet man recht angenehme Krankheiten, die keine schwerwiegenden Behandlungen erfordern, aber mindestens zehn Tage Krankenstand mit sich bringen. Merkmale wie gelegentliche Kopfschmerzen und nicht näher kontrollierbare Fieberschübe empfehlen sich. Speziell dann, wenn kleinere Renovierungsarbeiten in der Wohnung vorgesehen sind. Sollte jedoch die gesamte Wohnung von einer Firma renoviert werden, möge man zu etwas präziserer Literatur greifen. Es eignen sich Lehrbücher der inneren Medizin, um eine zweckmäßige Symptompalette zusammenstellen zu können. Bei einem einigermaßen unmöglichen

Die Krankheit Deiner Wahl?

Symptombild wird ein Arzt eine stationäre Aufnahme arrangieren. Allerdings ist mit Krankheitsanzeichen Vorsicht geboten, die unangenehme Untersuchungen mit sich bringen, beziehungsweise gar die Lebensqualität des stationären Aufenthaltes verringern.

Besonders günstig ist es, sich die kleingedruckten Bemerkungen im Lehrbuch einzuprägen, sogenannte seltene Erscheinungen. Diese haben Normalärzte zwar während des Studiums gelernt, allerdings längst vergessen. Das ist besonders wichtig für den Fall, dass sich die Handwerker erwartungsgemäß mit den Arbeiten ein bisschen verspäten. Sobald die Wohnung endgültig Ihren Erwartungen entspricht, empfiehlt sich eine hastige Symptomlinderung über ein oder zwei Tage, damit eine Entlassung nach »unbekannter Krankheit« erzielt werden kann.

Nur auf diese Art und Weise kann man aus Krankheiten etwas Nützliches machen.

Tidi

»Ein Indianer kennt keinen Schmerz«

Diesen Spruch kenne ich noch aus meinen Kindertagen.

Vielleicht rührt von ihm auch das Dilemma, dass viele Männer Schmerzen und Kranksein mit Schwäche gleichsetzen und deshalb erst dann zum Arzt gehen, wenn es sich absolut nicht mehr vermeiden lässt.

Vorsorge beispielsweise ist für viele Männer so was wie Hypochondrie.

Aus diesem Grund gehen Männer auch nicht gern zum Zahnarzt.

Lieber den Schmerz so tapfer ertragen wie die Furcht.

Beim Schmerz unterscheiden sich die Männer von den Frauen.

Wenn sich eine Frau beim Kartoffelschälen in den Finger schneidet, sagt sie: »Au«, steckt den Finger in den Mund, damit nichts blutig wird, klebt sich ein Pflaster drauf und schält weiter.

Der Mann geht da anders vor:

Er schreit »Scheiße!«,
streckt die Hand weit weg und
ruft nach Hilfe.

So rasch wie möglich setzt er sich, wegen der Blut-leere im Kopf,

erklärt seiner Frau, dass er sich fast den Arm ampu-tiert hätte und

lässt sich mit Riesenpflaster und Verband notversor-gen.

Danach bestellt er ein halbrohes Steak ... wegen des Blutverlustes –

lagert bei ihr die Füße hoch und

verbringt eine unruhige Nacht ...

aus Furcht vor einer möglichen Blutvergiftung.

Im Büro erhält er einen neuen Verband und viel Mit-gefühl von der Sekretärin, worauf er tapfer meint: »Aber ich bitte Sie, die schwere Körperverletzung ist doch nicht der Rede wert! Ich bin doch ein Mann! Hart im Nehmen, wie ein Indianer eben.«

Die Grippe kommt auf allen Viren

Die Grippe dauert *mit* medizinischer Behandlung sieben Tage, *ohne* eine Woche.

So ähnlich hat Kurt Tucholsky vor achtzig Jahren über diese Krankheit geschrieben.

Er muss sich mit der Grippe recht gut ausgekannt haben, schließlich hat er sie öfters überlebt.

Was im Jahr 1919 gar nicht so einfach war, da hat die Grippeepidemie immerhin noch neunundzwanzig Millionen Menschen dahingerafft.

Jedoch auch an der Grippe geht der Fortschritt nicht spurlos vorüber.

Es gibt heute wesentlich mehr Schnupfenmittel als vor achtzig Jahren.

Dadurch hat sich die Länge und Schwere dieser Krankheit um keinen Deut verschlechtert.

Hartnäckig ist die Grippe nur, wenn man geimpft ist.

Da bricht sie zwar nicht aus, kann aber auch nicht wirklich vorübergehen.

Man ist irgendwie gleichzeitig grippig und immun.

Ich kann Ihnen das in etwa so erklären:

Stellen Sie sich vor, Sie bekommen unangenehmen Besuch, von weit her – aus Asien beispielsweise.

Das ist Ihnen zwar lästig, aber Sie wissen: Diese Visite geht vorüber.

Das ist eine normale Grippe.

Jetzt stellen Sie sich vor, Sie haben einen unangenehmen Nachbarn, der vielleicht auf Besuch kommen könnte, weil er ganz in Ihrer Nähe wohnt.

Er steht bereits vor Ihrer Haustür, nur tritt er seltsamerweise nicht ein.

Das ist eine Grippe mit Impfung.

Ich habe meinen Hausarzt gefragt, was denn er empfehle.

Da meinte er: »Ob mit oder ohne Behandlung, jedes Pro und Contra hat sein Für und Wider!«

☺ ☺ ☺
☐ ☐ ☐

Das Dilemma

Seit gestern bin ich unheilbar krank.

Meine Nase ist rot und rinnt – ich fühle mich wie ein Waschlappen.

Mein Hals brennt und siebenunddreißig Komma vier Grad Fieber habe ich auch. Ich muss einfach zum Arzt!

»Das Patientengespräch«

… irgendwie ist ein Arzt arm, denn jeden Tag kommen Leute wie ich.

Was wird er wohl über mein Aussehen denken?

So genau im Spiegel betrachtet, könnte meine Frisur einen Schliff vertragen und mein Bart ebenfalls.

Und eine deodorierende Dusche wäre auch nicht fehl am Platz.

Vielleicht stellt der Arzt eine bessere Diagnose, wenn ich halbwegs gepflegt erscheine.

Was ist aber, wenn ich gar so frisch aussehe?

Wird er überhaupt erkennen, wie ernst meine Lage ist? Möglicherweise sagt er, dass ich gesund bin – und das knapp vor meinem Ableben!

Die Situation ist brenzlig.

Der liebe Gott möge entscheiden!

Ich warte bis morgen.

Wenn es mir morgen schlechter geht, schleife ich mich als Leiche hin.

Wenn es besser werden sollte, gehe ich gar nicht hin.

Man muss einem Arzt schon helfen – und außerdem will ich in meinem jetzigen Zustand gar nicht duschen …

Die Durchuntersuchung

Langsam wird es Herbst. Wohnungsfenster erhalten neue Dichtungen und das Auto den Jahrescheck. Und den sollte ich auch haben, weil mein letzter Termin beim Hausarzt schon fünf Jahre zurückliegt.

Der Kontrolltermin

Kontrolle ist gut.

Vielleicht findet man einen komischen Blutdruck oder gar einen Krebs.

Mir geht es prima, aber ich bin feige.

Mein Arzt ist ganz nett. Ich mag ihn, aber ich bin nicht sicher, ob er nicht sehr bemüht ist, bei mir eine Krankheit zu finden.

Ich habe weder Zeit noch Lust krank zu sein. Also werde ich nur wenige Untersuchungen zulassen, wie eine vom Magen, weil dort habe ich sicher nichts. Mein Appetit ist gut und meine Verdauung noch besser.

Nur weil ich rauche, muss ein Lungenröntgen ja nicht sein, denn mein Vater rauchte auch und wurde achtundachtzig Jahre alt.

Wenn ich so nachdenke, wäre es eigentlich unnötig, wegen so wenigen Untersuchungen zum Arzt zu gehen.

Er hat so viele Patienten, die krank sind und für die er Zeit haben soll.

Also, warte ich mit der Jahreskontrolle noch ein Jahr, aber dann gehe ich ganz sicher …

Tidi

»Der liebe Gott möge entscheiden!«

Im Wartezimmer

Die Beruhigung

Bitte warten!

Warum gibt es keine gemütlichen Wartezimmer?

Die Beruhigung

»Sind Sie auch verhaut worden?«, fragte der Herr neben mir im Wartezimmer von meinem Hausarzt.

»Wie, bitte?«

»Haben die Ärzte im Krankenhaus Ihnen nicht verhaut? Mich schon! Falsch operiert haben sie mich! Im CT haben sie etwas gesehen. Nach der Operation war ich drei Wochen auf der Intensiv'. Ich sag' Ihnen: Seither geht's mir net gut! Dabei war es nur ein Tumor und ein gutmütiger noch dazu. Die Frau drüben hat vor zwei Wochen eine Infusion bekommen. Seitdem ist sie halbseitengelähmt in beiden Füßen! Der Doktor hat die Infusion zu stark erwischt – genau wie bei meinem Onkel. Er hat ein G'schwür auf der Lunge g'habt. Den haben die Ärzte zweimal bestrahlt und dann war er tot!

Wissen Sie, die Strahlen vertragen net alle …

Kennen Sie den Blastic Sepp? Der ist voriges Jahr dort bei der Tür zusammengebrochen, ganz blau war er. Der Herr Doktor hat ihn reminiert, und ihm dabei so viele Rippen gebrochen, dass es ihm heute noch weh tut.

Ein bisserl grob is' er schon – aber ein guter Arzt.

Mir hat er die falschen Tabletten gegeben, gegen Wasser in der Lunge. Dabei bin ich nur kurzatmig. Aber das sag' ich ihm schon. Kann ja passieren …

Aber Sie, Sie schauen net gut aus …«

Tidi

»Patient sein« bedeutet »Geduld haben«

Bitte warten!

Überfüllte Wartezimmer findet man überall, vornehmlich am Flughafen oder Bahnhof, am häufigsten aber bei seinem Hausarzt. Hier ist immer etwas los – mit den vermeintlichen Patienten!

Die meisten von ihnen haben wohl um acht Uhr den Termin, denn um diese Zeit strömen sie regelrecht wie die Fliegen herein. Ein durchschnittlicher Warteraum ist nicht sehr groß, aber Stehplätze gibt es allemal.

Die Stühle sind ohnedies nie sehr bequem, aber das waren sie damals 1957, als der alte Doktor die Praxis auf den neuesten Stand brachte, auch nicht.

Die Wände strahlen eine gewisse Patina aus, werden aber mittels professioneller Plakate zu einschlägigen medizinischen Themen vom Gesundheitsministerium beispielsweise:

»Vorsorgeuntersuchungen der Brüste bei Frauen«
und
»Regelmäßige Prostatakontrolle bei Männern über 50 Jahre«

aufgefrischt.

Irgendwann kommt jeder dran …

Das große Rembrandt-Bild ist kein Original, sondern stammt aus dem Ärztekalender von 1996, rundet die Atmosphäre aber ab. Auf dem kleinen Tisch liegen ältere Ärztezeitungen sowie Informationsbroschüren über Reiseschutzimpfungen etc. – *Die Bunte* und ein Exemplar von *News* vom Oktober 1999 haben schon Neuheitswert.

Alle warten brav, nur der Herr, der als Letzter kam, nicht. Er ist direkt zum Arzt hineingestürmt. Entweder ist er sehr krank, oder er ist ein Arzneimittelvertreter.

Die geduldigen Patienten warten weiter – dazu ist der Warteraum ja da!

Tidi

Die verschiedenen Arztmodelle
Beim Arzt

Gute und weniger gute Ärzte
Lachen Ärzte therapeutisch?
Arztfreie Woche
Nur eine Frage …
Bleib heiter, lies weiter!

Die »freie Arztwahl«

Gute und weniger gute Ärzte

Ärzte sind oft arm.

Das ist nicht unbedingt finanziell gemeint, sondern menschlich betrachtet.

Sie leben in einem Dilemma!

Ein guter Arzt liebt die Menschen, nimmt sich viel Zeit für seine Patienten und motiviert stets durch gute Nachrichten wie »Sie sind gesund!«, »Das ist nichts Schlimmes.« oder »Das kriegen wir schon hin!«.

Wenn ein *guter* Arzt eine schlimme Erkrankung entdeckt, ist das schlecht, weil er den Patienten nun mit traurigen Dingen wie Operationen und Medikamenten konfrontieren muss.

Wenn ein *guter* Arzt keine Erkrankung findet, ist er aber vielleicht ein schlechter Arzt.

So stellt sich die Frage, ob ein *schlechter* Arzt, der keine Krankheiten erkennt, nicht ein sehr guter Arzt ist, weil seine Patienten nicht unter seiner Betreuung leiden.

Der *schlechte* Arzt hat in der Regel wenig Zeit für seine Patienten, weil er so gut ist, dass sich zweihundertfünfzig Patienten pro Vormittag in seinem Wartezimmer drängen.

Schwere Krankheiten wird er aber bei solch einer Patientenfrequenz kaum finden. Somit ist der *schlechte* Arzt doch recht gut!

Um sich diese schwerwiegende Frage »gut oder schlecht« zu ersparen, geht man am besten zu keinem Arzt – aber das ist auch wieder nicht gut.

Also gehe ich wie gehabt zu *meinem* Arzt – und das ist gut!

Tidi

Der Notarzt

»Lachen Ärzte therapeutisch?«

Humor und Witz sind seit langem Gegenstand ernsthafter wissenschaftlicher Untersuchungen. Aber erst vor wenigen Jahren haben auch die Psychotherapeuten damit begonnen, die »Heilkraft des Lachens« zu nutzen.

Lachforscher haben entdeckt, dass herzhaftes Lachen im Körper zahlreiche Prozesse in Gang setzt: Die Produktion von Stresshormonen wird gebremst, die von Wachstumshormonen angeregt. Das Immunsystem aktiviert viele verschiedene Antikörper zur Stärkung der Abwehr. Das Schmerzempfinden wird gedämpft. Zusätzlich schüttet das Gehirn Endorphine aus und diese Glückshormone wirken positiv stimulierend auf unsere gesamte Befindlichkeit.

Nur, wer lacht schon gern therapeutisch?

Vielleicht die Ärzte selbst?

Gibt's deshalb so viele Ärztewitze?

Ich erzähl' Ihnen einen davon:

Der Ärztekongress

Wie verabschieden sich die Teilnehmer von Ärztekongressen?

Augenarzt: »Man sieht sich!«
Ohrenarzt: »Lasst mal wieder was von Euch hören!«
Urologe: »Ich verpiss mich!«
Tierarzt: »Ich mach die Fliege!«
Kardiologe: »By, pass' auf Dich auf!«
Gynäkologe: »Bis die Tage! Ich schau mal wieder rein!«
Orthopäde: »Hals- und Beinbruch!«
Dermatologe: »Haut ab!«

Arztfreie Woche

Herr Gruberegger wurde am *Sonntagabend* zur Durchuntersuchung stationär aufgenommen.

Um *acht Uhr montags* ging er ins Röntgen und kam knapp nach dem Mittagessen wieder zurück.

Da war die Vormittagsvisite natürlich schon vorbei. Am Nachmittag ging er mit seiner Gemahlin im Gelände spazieren, um vier Uhr musste er ja wegen der Nachmittagsvisite auf der Station sein.

Nur diese hatte sich an diesem Tag zufällig vorverlegt und war bei seiner Rückkehr schon wieder vorbei.

Am *Dienstag* stand die Visite bereits beim Nebenzimmer, als die kurzatmige Schwester durch die Zimmertür mit den Worten: »Gruberegger, schnell zum CT« stürmte. Da Herr Gruberegger an diesem Tag abermals fehlte, ging die Vormittagsvisite schnell.

Die Nachmittagsvisite erfolgte im Dienstzimmer der Stationsschwestern, denn der diensthabende Arzt, da Herrn Grubereggers Befunde noch ausständig waren und es ihm ohnedies gut ging, musste nicht unbedingt mit seinem Patienten sprechen.

Am *Mittwoch* um acht Uhr führte das medizinisch-technische Krankenhauspersonal das Belastungs-EKG durch. Da Herr Gruberegger relativ bald wieder auf der

Station eintraf, konnten ihn die Schwestern gleich weiter auf die HNO-Abteilung schicken, in die Ambulanz.

Allerdings dauert so ein Kurzbesuch unter Umständen vier Stunden, das muss man aber in Kauf nehmen, man ist ja letztlich stationär. Außerdem hätte er gar lang im Zimmer warten müssen, weil Chefvisiten eben länger dauern. Sie war aber auf alle Fälle beendet, als Herr Gruberegger auf die Station zurückkehrte. Nach diesem belastenden Vormittag wurde ein Nachmittagsnickerchen unumgänglich.

Der diensthabende Arzt lugte bei der Nachmittagsvisite vorsichtig bei der Tür herein, Herr Gruberegger schlief tief. »Der schaut ja nicht schlecht aus!«, sagte Herr Doktor Müller. Die Tür ging zu.

Am *Donnerstagvormittag* fanden Labor- und anschließende Routinekontrollen auf der Urologie statt – weil der Patient ja über fünfzig Jahre alt ist und seine Prostata ebenso. Um drei Uhr am Nachmittag kam Frau Gruberegger zu Besuch. Um sechzehn Uhr sollte die Visite kommen, um siebzehn Uhr war sie immer noch nicht da.

So begleitete Herr Gruberegger seine Frau bis zum Krankenhausportier und ging gleich anschließend zurück – zufällig war die Visite da gerade wieder vorbei.

Am *Freitag früh* wollte Herr Gruberegger von der Schwester wissen, wie seine Befunde ausschauen. »Das müssen Sie mit dem betreuenden Arzt besprechen«, sagte die junge Schwester und verschwand durch die

Türe – um allerdings kurze Zeit später mitzuteilen: »Heute ist Lungenröntgen und Schilddrüsenuntersuchung. Sie können jetzt gleich gehen, hier sind die Zuweisungen.«

»Aber ich wollte mit dem Arzt reden«, versuchte Herr Gruberegger, merkte aber gleich, dass seine Argumentation kaum sinnvoll war.

Am Nachmittag meldete die Schwester: »Herr Gruberegger, es schaut alles gut aus. Morgen haben Sie das Abschlussgespräch mit Herrn Doktor Müller und Sie können dann heimgehen.«

»Bin ich gesund?«

»Das wird Ihnen Herr Doktor Müller sagen.«

Nach dem Frühstück am *Samstag* kommt die Schwester um acht Uhr fünfundvierzig mit einem Kuvert und Zettel.

»Herr Gruberegger, hier sind Ihre Abschlusspapiere, Bestätigungen und alles, was Sie für den Hausarzt brauchen. Sie können jetzt gleich heimgehen.«

»Ja, aber das Abschlussgespräch mit Herrn Doktor Müller?«

»Er hat alle Ihre Unterlagen gesehen und die Papiere geschrieben, bevor er aus dem Dienst ging. Alles Gute, Herr Gruberegger!«

Tidi

Nur eine Frage ...

Sie sind in einer fremden Stadt und fragen: »Wo geht's denn hier zum Bahnhof?«

Es antworten Ihnen:

Ein *Gesprächstherapeut:* »Sie möchten also wissen, wo der Bahnhof ist?«

Ein *Psychoanalytiker:* »Sie meinen diese dunkle Höhle, wo immer etwas Langes rein- und rausfährt?«

Ein *Tiefenpsychologe:* »Eigentlich wollen Sie doch nur abhauen und alles hinter sich lassen.«

Ein *Hypnosetherapeut:* »Schließen Sie die Augen! Ihr Unbewusstes kennt den Weg zum Bahnhof.«

Ein *Soziologe:* »Kommt darauf an, in welcher Klasse Sie fahren.«

Ein *NLP'ler:* »Stell Dir vor, Du bist bereits da. Welche Schritte hast Du unternommen?«

Schlechtes Timing?

Ein *Psychotherapeut:* »Schreiben Sie alle möglichen Lösungswege auf diese Kärtchen.«

Ein *Neurobiologe:* »Welche Eselsbrücke kann Ihnen beim Erinnern behilflich sein?«

Ein *Homöopath:* »Für diesen Weg brauchen Sie viel positive Energie. Lassen Sie uns einen Kraftkreis bilden und Ihren Schutzengel suchen.«

Aber ein …

Humortherapeut meint nur: »Kennen Sie den Unterschied zwischen der Bundesbahn und der Grippewelle?«

Bleib heiter, lies weiter!

Kommt ein Mann zum Arzt und beklagt sich über seinen schlimmen Husten.

Er habe schon alles probiert, was Drogerien und Apotheken hergeben, bisher nutzte aber nichts.

Der Arzt verschreibt ihm daraufhin ein starkes Abführmittel und bittet ihn, am nächsten Tag wiederzukommen.

Tags darauf fragt der Arzt:

»Na, haben Sie noch Ihren Husten?«

Antwortet der Mann:

»Den Husten habe ich schon noch, aber ich traue mich nicht mehr!«

Eine Frau bekommt vom Arzt eine Packung Zäpfchen.

Zuhause angekommen, kann sie sich nicht mehr erinnern, wie diese eingenommen werden.

Sie fragt ihren Mann.

Der meint, sie solle doch den Arzt anrufen und noch einmal fragen.

Sie ruft an, der Arzt antwortet:

»Die werden anal eingenommen.«

Die Frau fragt nun ihren Mann, was anal wäre.

Dieser empfiehlt, den Arzt nochmals zu fragen.

Die Frau ruft an und sagt, sie wisse noch immer nicht, wie Zäpfchen einzunehmen sind.

Darauf der Arzt:

»Die werden rektal eingenommen.«

Die Frau legt auf, ist aber so klug wie zuvor und ruft daraufhin den Arzt noch einmal an.

Der meint:

»Stecken Sie sich die Zäpfchen in den Hintern!«

Die Frau legt auf und flüstert betreten zu ihrem Mann:

»Oje. Jetzt ist er aber sauer ...«

☺ ☺ ☺
☐ ☐ ☐

Auch Ärzte sind Menschen

»Der Arzt hat immer Recht!«

Die Diagnose und die daraus folgenden Nöte der Mediziner

Wie robust ist eigentlich Ihr Hausarzt?

Signale des Körpers

Im Zimmer 8 …

Doktor www.

Ohne Arzt keine Krankheit

Wie robust ist eigentlich Ihr Hausarzt?

Ein Arzt hat meist starke Nerven. Er wird schließlich häufig mit Blut, Eiter und Warzen oder anderen schlimmen Dingen konfrontiert. Manchmal wirkt er ein wenig grimmig, aber das hat wahrscheinlich etwas mit der täglichen Routine zu tun. Es kann aber auch sein, dass er eine schwere Belastung hinter sich hat, ein Patientengespräch. Das kann sehr kräfteraubend sein:

»Welche Medikamente nehmen Sie?«
»Keine. Nur Tabletten.«
»Wie heißen die Tabletten?«
»Sie sind weiß, mit einem Strich in der Mitte.«
»Wie sie heißen, wissen Sie nicht?«
»Nein, aber sie sind recht klein.«
»Und warum nehmen Sie die?«
»Damit ich die roten Kapseln vertrage.«
»Was für Kapseln?«
»Die ganz normalen roten Kapseln. Die in der blauen Packung.«
»Haben Sie sie mit?«
»Die alte Schachtel ist im Wartezimmer.«
»Reden Sie von meiner Ordinationsschwester?«

Die endgültige Diagnose

»Nein, von der Packung mit den Kapseln, die ich eh nicht nehme.«

»*Und wie geht es Ihnen?*«

»Gut.«

»*Fein, dann nehmen Sie weiterhin die weißen Tabletten. Ihre nächste Kontrolle ist in fünf Jahren!*«

Kein Wunder also, wenn ein Arzt gelegentlich müde wirkt …

Tidi

☺ ☺ ☺
□ □ □

Signale des Körpers

Die Körpersprache erzählt über Menschen mehr als das gesagte Wort. Das ist nichts Neues.

Wir erkennen die gesellschaftliche und soziale Stellung der Menschen an ihrem Outfit, an der Gesichtsmimik, an ihrer Gestik, ihrer Atmung, an ihren genagelten Schuhen, an der Lautstärke ihrer Stimme, der PS-Anzahl ihrer Autos oder der Größe ihres Hauses.

Sicher ist oft ein bisserl ein Bluff dabei. Weil am Auto, am Haus oder an der Rolex ist die Leasingrate nicht gleich erkennbar.

Unbekannt war mir bislang indessen, dass auch Pralinen Hinweise auf die Persönlichkeit und den Charakter eines Menschen liefern:

Ein neuseeländischer Psychologe fand heraus, dass der Griff nach ovalen Pralinen Stress signalisiert. Wer rechteckige Süßigkeiten bevorzugt, leidet häufig unter Kopfschmerzen, runde Pralinen werden von geselligen Menschen verzehrt und eckige Leckerbissen von kantigen Charakteren entsorgt.

Wer weiße Schokolade liebt, ist höchstwahrscheinlich infantil.

Liebhaber von Bitterschokolade sind hingegen souverän, mit einem Hang zur Tyrannei.

Alle beschriebenen Wesenszüge vereinigt scheinbar meine Tochter in sich, denn steht irgendwo eine volle Pralinenschachtel ungeschützt herum, ist sie auch schon leer. Selbst die eckigen Pralinen fehlen. Die Kopfwehstückchen und die Tyrannischen ebenso.

Ein Fachmann diagnostiziert mit einem Blick

Im Zimmer 8 …

… im zweiten Stock der Klinik X liegt Herr Gruber-egger.

Er ist zirka fünfzig Jahre alt, sieht nicht sehr krank aus, ist aber etwas blass. Er blättert unruhig in einer *Kronenzeitung*, als die Visite kommt. – »Herr Gruber-egger, wie geht es uns denn heute? Die Befunde sind nicht so schlecht, wie wir befürchtet haben. Wir werden aber sicherheitshalber eine Computertomografie und eine Darmspiegelung machen, und danach fangen wir mit den Infusionen an.«

Die Blässe des Herrn Gruberegger nimmt zu, und zusätzlich bilden sich kleine Schweißperlen auf seiner kalten Stirne.

Schwester: »Wissen Sie, es ist alles Routine, genau so wie die Gastroskopie am Donnerstag.«

Die Schweißperlen werden größer.

»Aber Herr Gruberegger, das ist ja kein Grund zur Aufregung. Es gibt kaum Nebenwirkungen und tut auch nicht weh, und es dauert nur eine Woche. Wären Sie Mediziner, wüssten Sie genau, wie harmlos das Ganze ist. Was sind Sie denn von Beruf?«

»Arzt!«, antwortet Herr Gruberegger und wischt sich
seine nunmehr nasse Stirn ...

Tidi

Fehler in der Medizin werden in den Medien stets hochgepeitscht

Doktor www.

Die Engländer behaupten, dass ein Arzt oft gefährlicher als eine Krankheit ist.

Nun frage ich Sie, wie gehen wir mit diesem Vorurteil um?

Wissenschaftler erwiesen hingegen, dass häufig ein Patient gefährlicher als eine Krankheit ist.

Zumindest für den Arzt.

Es gibt heute Ungesunde, die über ihre Krankheit besser Bescheid wissen als der Herr Doktor.

Der Grund dafür liegt im umfangreichen medizinischen Angebot im Internet.

Von dort können auch Sie sich Krankheiten und Viren holen, von denen Ihr Arzt nicht einmal träumen mag.

Mit den Weisheiten aus dem Internet kann ein Patient jede Behandlungsmethode seines Arztes genau überprüfen und ihm so entsprechende Gegenvorschläge machen: »Aber bitt' schön, Herr Doktor, unter *www.illnessfinder.org* habe ich für meine Beschwerden eine ganz andere Therapie recherchiert.«

Der Arzt hat immer Recht!

Spätestens in diesem Moment sollten Sie als behandelnder Arzt *erstens* fragen,

ob schon alle Freunde des Patienten ein @ im Namen hätten?

Zweitens, ob der PC am Abend mit ins Bett darf?

Drittens, ob die Hauskatze des Patienten eine eigene Homepage hat?

Viertens, ob der Gang zur Toilette als Downloading bezeichnet wird?

Erst nach Beantwortung all dieser Fragen können Sie als Arzt die entsprechende Diagnose mittels Back-up bekannt geben.

☺ ☺ ☺
☐ ☐ ☐

»Individuelle Betreuung gefragt!«

Behandlungsmethoden

Heilender Text
Der technische Fortschritt in der Medizin
Hat vielleicht der Beipacktext Nebenwirkungen?
Die Rache des Zäpfchens

Im Operationssaal

Heilender Text

Gestern war ich beim Hausarzt. Er ist ein sehr guter Arzt, nach drei Minuten hatte ich das Rezept. Es soll ein äußerst effektives Präparat sein. In der Packung befindet sich ein Zettel, ein *Beipacktext*. Die Buchstaben sind so klein wie die Tabletten, aber der Text ist anregend. Die Substanz heißt Blastomorphon – ein Name, der Wirksamkeit verspricht.

Falls ich dagegen überempfindlich bin, ist die Einnahme lebensgefährlich, aber ich vertrage weiße Tabletten sonst gut.

Gestörte Nierenfunktion habe ich nicht, denn nach zwei Krügerln Bier muss ich rennen.

Leberzirrhose habe ich noch keine.

Bei Hypertonie darf man nur eine Tablette nehmen. Aber ich habe nur hohen Blutdruck, also kein Problem.

Die Nebenwirkungen machen mir Sorgen: Übelkeit, Schwindel, Hirnblutung, Bewusstlosigkeit, Brechdurchfall sowie in selteneren Fällen Nierenversagen und Herztod.

Es ist erstaunlich, dass eine so kleine Tablette so viel anstellen kann.

Ich warte noch mit den Tabletten, ich habe keine Zeit für Hirnblutung, ich bin im Wirtshaus verabredet.

Es geht mir jetzt schon etwas besser, allein der Text ist wirksam.

Blastomorphon wird schon ein sehr kräftiges Mittel sein ...

Tidi

Eine Magenspiegelung und ihre Nebenwirkungen

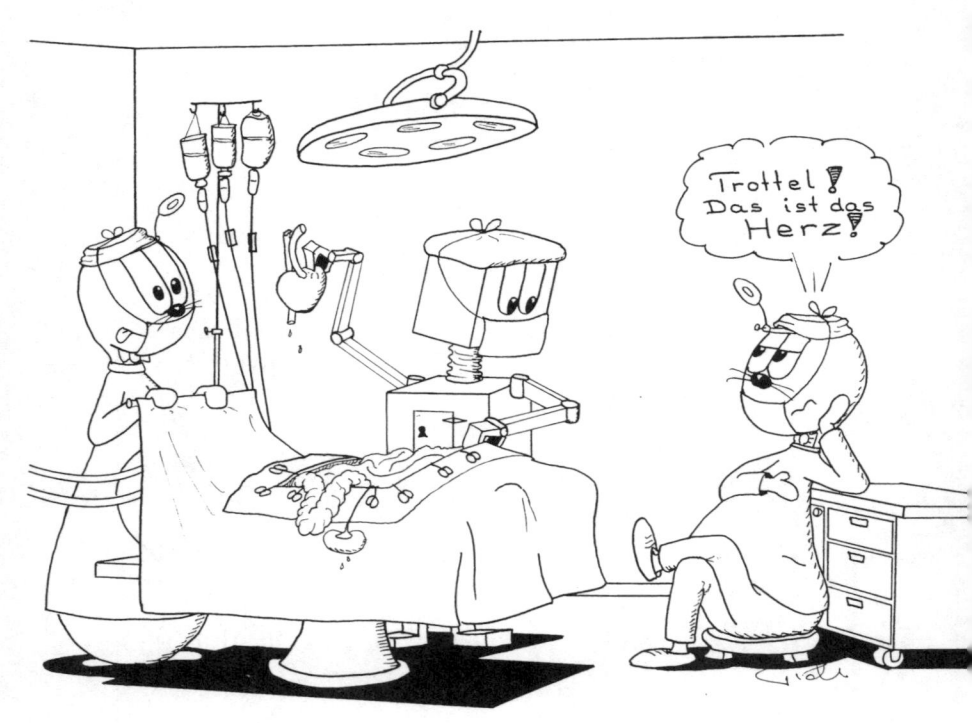

Der Operationsroboter

Der technische Fortschritt in der Medizin

Der technische Fortschritt ist umwerfend.

Vor Jahren flog Gagarin mit der Sputnik, dem ersten bemannten Raumschiff, um die Erde, heute steht bereits in fast jedem Haushalt ein Computer.

In der Medizin ging es ähnlich. Gelenke werden erneuert wie die Bremsbacken beim Auto, und wahre Menschenscharen laufen mit Plastikteilen im Herz-, Gefäß- und Verdauungssystem herum.

Autos werden heute nicht mehr händisch zusammengeschraubt, sondern von Robotern geschweißt.

Die Mediziner benützen heute gleichfalls Roboter, die den Chirurgen zwar nicht ersetzen, aber seine Handgriffe übernehmen. Einige von diesen Dingern sind ferngelenkt, andere reagieren auf Kommandorufe. Natürlich sind sie verlässlich, aber ich hätte ein komisches Gefühl, von einem Blechkasten operiert zu werden.

Ein Mensch kann einen schwachen Tag haben, aber was ist, wenn ein Roboter mit Stahlhänden in meinem Bauch plötzlich einen »Kurzen« hat und glaubt, dass er der Chefkoch ist?

Ganz überzeugt von der Technik bin ich noch nicht. Mir persönlich ist ein Mensch lieber als ein Blechkasten ...

Tidi

☺ ☺ ☺
□ □ □

Das zahnärztliche Gespräch

Hat vielleicht der Beipacktext Nebenwirkungen?

Die meisten Arztbesuche führen den Patienten über die Apotheke nach Hause. Die Medikamente, die er dort erhält, fördern zwar in vielen Fällen seine Genesung, der Beipackzettel aber treibt ihn in die Ratlosigkeit.

Das machen die »Nebenwirkungen«.

Man erfährt schwarz auf weiß, dass das erhaltene Präparat gleichzeitig mehrere Krankheiten fördert, aber nur eine bekämpft.

Welchen Nutzen haben diese Beipacktexte also?

Schließlich braucht man schon zur Krankheit eine Menge positiver Energie, wie viel erst bei der Einnahme der Medikamente!

Ich habe mir angewöhnt, statt der Pillen den Beipacktext wegzuschmeißen.

Wer akzeptiert denn gern, dass:

die Aminoglykosiden die *hörschädigende Wirkung* des Medikamentes erhöhen,

die Reaktion von Cumarinderivaten verstärkt wird

oder einer geringen *Erhöhung des Blutspiegels* von Glibenclamid Rechnung zu tragen ist?

Bei solchen Beipacktexten vergeht Ihnen jedes Kranksein.

Da müssen Sie schon sehr gesund sein, um allein
den Placeboeffekt des Textes zu verkraften, geschweige
denn das Medikament selbst.

Sightseeing im AKH

Die Rache des Zäpfchens

Das Zäpfchen, auch Suppositorium genannt, ist ein kleiner widerspenstiger Gegenstand mit sagenhaftem Eigenleben.

Rein medizinisch ist es eine torpedoähnliche Tablette, die nicht durch den Mund eingenommen, sondern am anderen Ende des Verdauungstraktes eingeführt wird.

Das Ding ist in einer gut verschweißten Folienhülle verpackt.

Die kleinen Laschen werden mit beiden Händen gefasst und auseinandergezogen, sofern man sie findet.

Dieser Vorgang ist vor allem für ältere Menschen besonders spannend, da die Laschen kaum sichtbar oder tastbar sind.

Zur Not nehme man also eine Schere!

Das freigewordenen Zäpfchen wird nun in den Darm geschoben – und dank der rutschigen Oberfläche bewegt sich das Ding völlig frei im Raum.

Einmal dort wo es hingehört, entfaltet das Zäpfchen seine Wirkung, vornehmlich den Stuhldrang. Das ist gut gegen Verstopfung.

Soll aber das Präparat wirken, ist eine längere Verweildauer im Darm vonnöten.

Erlangt das Zäpfchen doch nach zehn Minuten seine Freiheit wieder, so ist der Drang zwar weg, damit aber auch die vorgesehene Wirkung! Was in Anbetracht der Nebenwirkungen (siehe Beipacktext) gar nicht so schlecht ist.

Im Zweifelsfalle: Fragen Sie Ihren Arzt oder Apotheker …

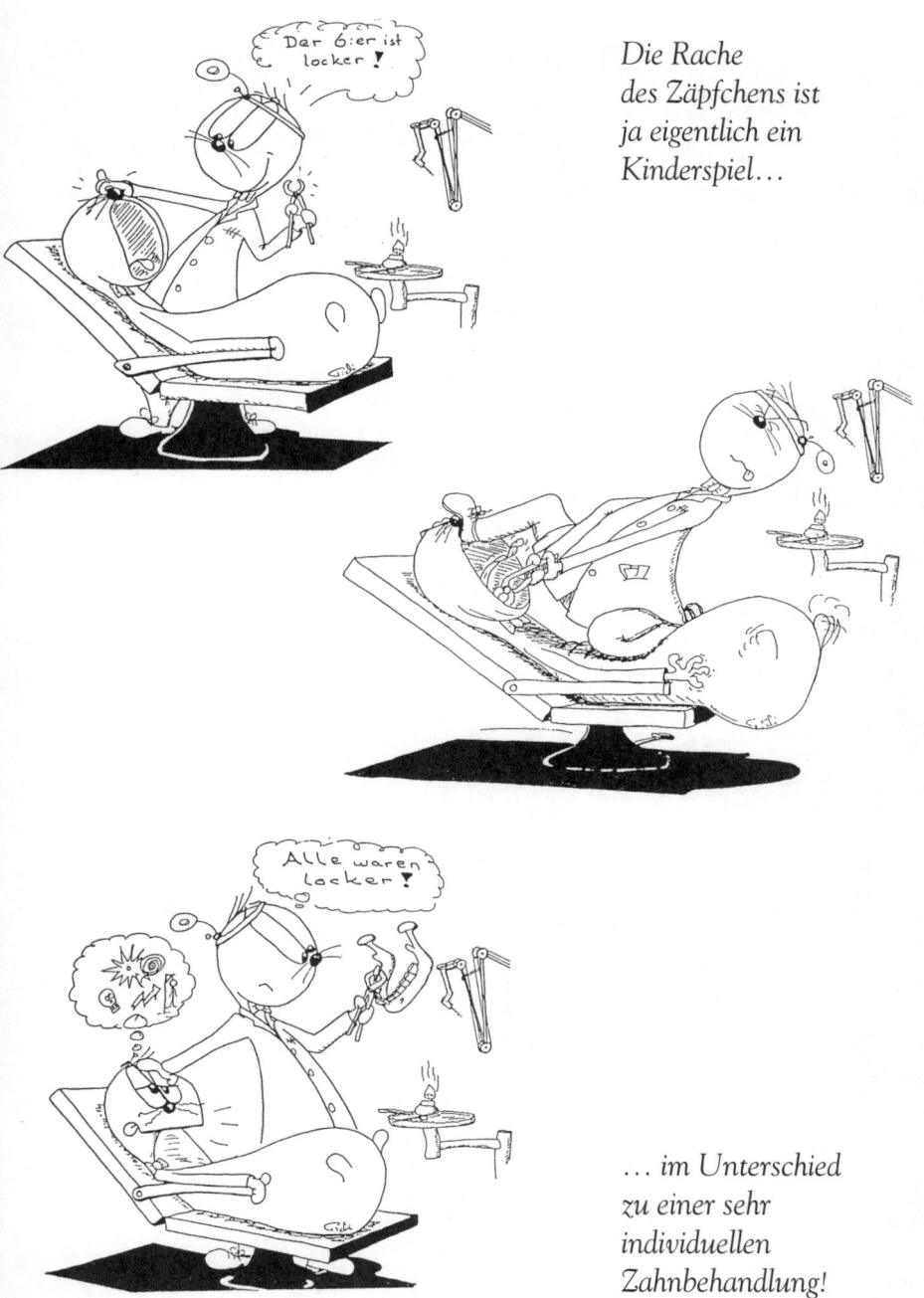

Die Rache
des Zäpfchens ist
ja eigentlich ein
Kinderspiel…

… im Unterschied
zu einer sehr
individuellen
Zahnbehandlung!

»Wenn die Gesundheit flöten geht!«

Lachen als Therapie

… am besten über Ärzte

Lachlehrgang

Humortherapie

LACH mit TAG

Heilung ist Vertrauenssache

... am besten über Ärzte

Erich Kästner stellte sich die Frage: »Worüber lacht der Mensch?«

Er lacht, wenn man ihn kitzelt, er lacht über Gegensätze, er lacht über Witze.
   Und eine ganze Menge davon gibt es über *Ärzte*!

☺ ☺ ☺
☐ ☐ ☐

Der gynäkologische Alltag

Lachlehrgang

Irgendwie ist uns Menschen das Lachen vergangen.

»Die tägliche Lachzeit, verglichen mit den fünfziger Jahren, ist von achtzehn Minuten auf sechs Minuten geschrumpft«, behauptet ein deutscher Humorforscher.

Anscheinend ist es eine Zeiterscheinung, dass man von einem Witz jedes Wort versteht, bis auf die Pointe.

Gründe genug, in der Lachtherapie einmal übers Lachen nachzudenken.

Curd Jürgens hat einst gemeint: »Ein Mensch, der lachen kann, findet alles halb so schlimm oder doppelt so gut.«

Das Leben ist auch viel zu kurz, um ständig ein langes Gesicht zu ziehen.

Das Feine am Lachen ist, dass man so seinem »Feind«, auch dem inneren, die Zähne zeigen kann.

Nur wer über sich selbst lachen kann, wird tatsächlich ernst genommen.

Das Lachen hat aber auch etwas Erotisches.

Frauen erinnern sich am liebsten an Männer, mit denen sie lachen konnten.

In welcher Form auch immer, das Lachen ist ein guter Beitrag für das allgemeine Wohlbefinden.

In England gibt es das »Lachen« schon auf Krankenschein und in Amerika als Therapie im Krankenhaus. Nach dem Motto: »Jetzt wird's ernst, es darf gelacht werden!«

Das Lachen hat nur *einen* Nachteil, es kann einem die ganze schlechte Laune verderben.

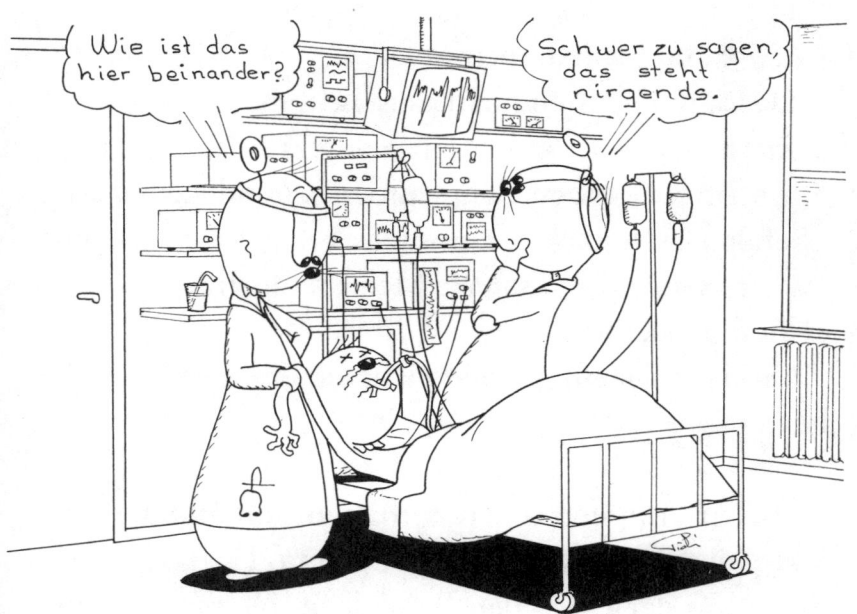

»Intensive« Station: »Wer ist da ratlos?«

Humortherapie

Immer wieder kommt man in Situationen, die einem unbehaglich sind.

Zum Beispiel lernt man einen fröhlichen Menschen kennen, der im Rollstuhl sitzt, begegnet einem namhaften Literaten, der Parkinson hat oder trifft einen Bekannten, der Epileptiker ist.

Wie gehen SIE damit um?

Distanziert und freundlich … Ja!

Mit Humor oder vielleicht mit Lachen?

Um Gottes willen, nein!

Da sollte man sich nicht täuschen.

Erst kürzlich habe ich eine junge Rollstuhlfahrerin auf mein Unbehagen angesprochen, und sie meinte: »Schau, lachen ist für uns die beste Kosmetik fürs Äußere und die wirksamste Medizin fürs Innere.«

Und sie lachte.

»Soll ich Dir einen Epileptikerwitz erzählen?« … »Ja, bitte.«

»Also, zwei Epileptiker unterhalten sich und der eine sagt zum anderen: ›Du, ich habe gehört, Du hast gestern Abend in der Disco den Breakdance-Wettbewerb gewonnen!‹

Wenn die Gesundheit flöten geht ...

Meint der andere: ›Ja, das stimmt, aber eigentlich wollte ich mir nur ein Cola holen.‹«

Ich musste unfreiwillig lachen.

Worauf meine neue Bekannte meinte: »Ja, ja! Humor und Lachen sind unsere kleinen Freuden für unsere großen Sorgen.«

Es existieren Menschen mit sehr tragischen Schicksalen, die mit ihrem körperlichen oder auch seelischen Zustand wesentlich humorvoller umgehen, als man es je für möglich halten könnte. Ich finde das großartig!

☺ ☺ ☺
☐ ☐ ☐

LACHmitTAG

Muttertag, Vatertag, Weltspartag ...

Es gibt eine ganze Menge wichtiger Tage, die natürlich alle ihren Sinn und Zweck haben.

Was aber all diesen Tagen neben ihren Pflichten abgeht, ist die Fröhlichkeit.

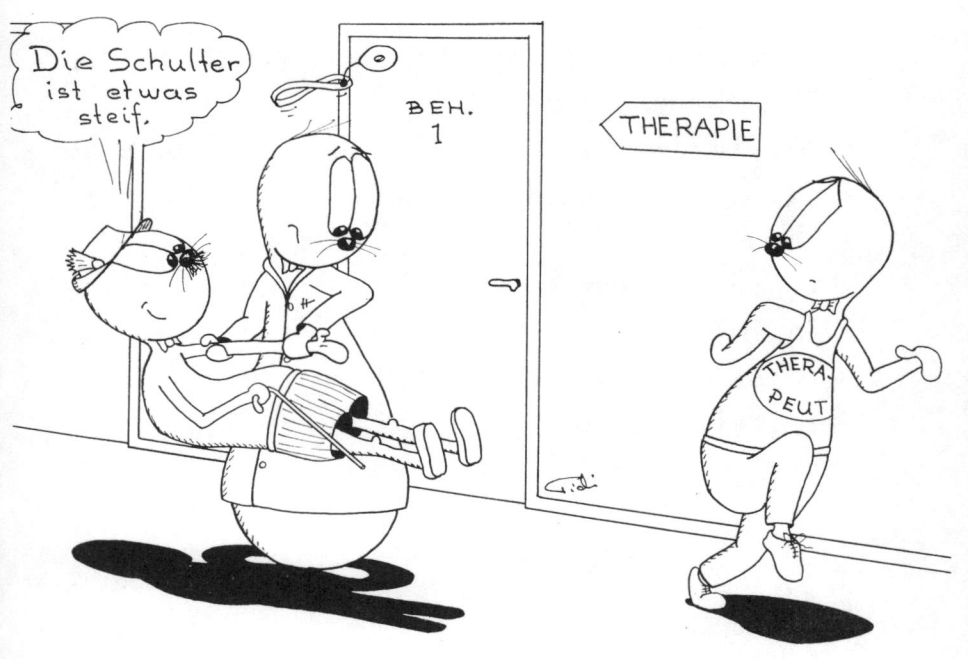

Zwei Eckpfeiler der Medizin: die physikalische Therapie ...

Was liegt also näher, als die Österreicher auf einen LACH mit TAG einzuladen?!

Mit der einzigen »Pflicht«, eine Stunde laut zu lachen!

Die Aufgabe verlangt aber auch entsprechende Konsequenzen:

Wo das Lachen regiert, wird der Spaß zum Chef.

Durchs Lachen wird der Alltag zum Vergnügen.

Natürlich müssten auch Sie beispielsweise Witze lernen oder sich in Selbstironie üben.

Welcher Tag scheint dafür eigentlich als der geeignetste?

Vielleicht der Sonntag?

Weil während der Arbeit ja nicht gelacht werden darf, auch nicht in der Schule.

Nun ist aber das Lachen so ziemlich das Einzige im Leben, wovon sich jeder nehmen kann, soviel er will.

Kostenlos.

Und es gilt auch: Wer lachen kann, macht sein Grübeln erträglich!

Allerdings ist das Lachen etwas Aktives, es verlangt Ihren vollen Einsatz!

Wenn Sie nicht mitmachen, na dann müssen Sie den Tag wieder mit den Worten Karl Valentins ausklingen lassen:

»Mögen hätt' i woll'n, aber trau'n hab' i mi net dürfen!«

... und die liebevolle Pflege

»Krank sein bringt die Wirtschaft in Schwung!«

Finanzielle Aspekte im Gesundheitswesen

Fürchterlich viele Krankenhausbetten …

Strukturreform

Wundersame Dinge

Bedrohliche Lage

Die Krankenkassa muss sparen

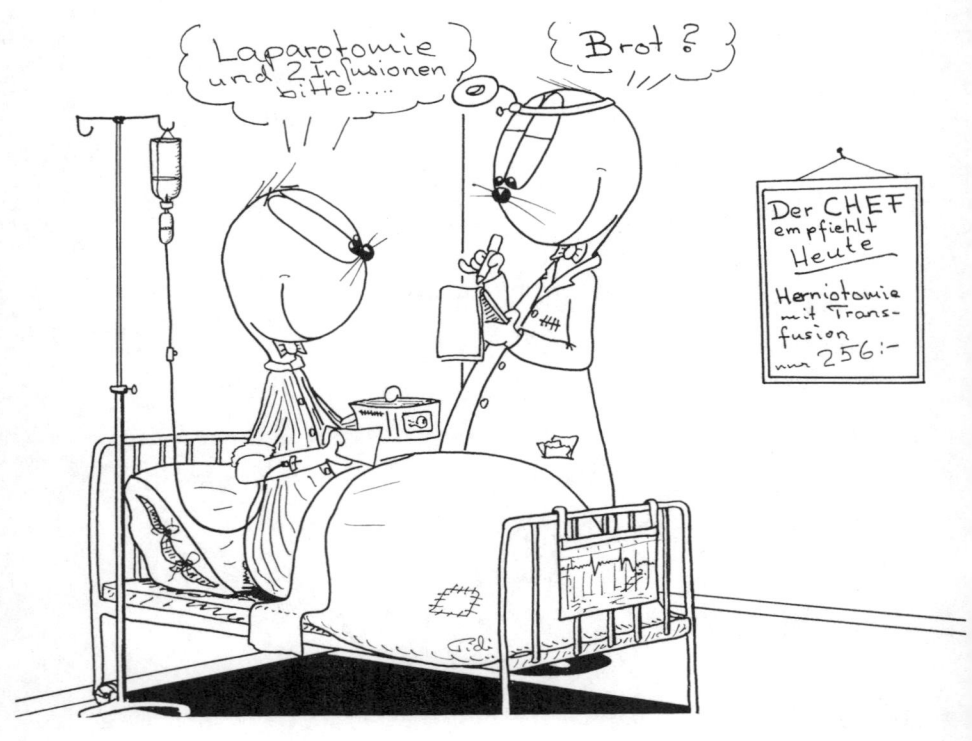

Die leistungsabhängige Abrechnung

Fürchterlich viele Krankenhausbetten ...

... zählen wir in Österreich und noch mehr Menschen, die in diesen liegen wollen. Sobald wir aber mehr Patienten als Betten haben, haben wir ein Bettendefizit. Ich kenne das von meinem Gehaltskonto. Habe ich mehr Ausgaben als Einnahmen, ergibt das ein Defizit!

Im Spitalswesen ist alles anders.

Meine Oma wollte kürzlich ins Spital, es war jedoch kein Bett für sie frei. Zufällig gehörte das Krankenhaus aber zu denen mit den zu vielen Betten, also hätte es wohl für die Oma ein Bett geben müssen. Meine Oma ist nicht blöd. Sie wurde hastig *extrakrank* und somit aufgenommen – in einem Gangbett.

Somit wies die Station eine hundertachtzehnprozentige Auslastung auf.

Meine Oma forderte nun ein eigenes Zimmer, das ging aber nicht. Alle Zimmer waren belegt, sogar der Gang.

Wenn die Politiker ab sofort Betten abbauen, müsste man mehr Platz in den Zimmern bekommen und dann könnte man meine Oma in eines der so *vergrößerten* Zimmer ja hineinrollen.

Jetzt verstehe ich, wie das geht!

Sobald man weniger Betten in ein Zimmer stellt, bekommt man mehr Platz für Betten, die sonst am Gang stehen würden, und erhält somit Platz für Gangbetten. Das ist ja alles sooo logisch.

Tidi

Die Bürokratie im Krankenhaus

Strukturreform

Wenn wir so weiter machen, können wir uns weder Kranksein noch Gesundwerden leisten! Das Gesundheitswesen kostet zu viel, also muss gespart werden.

Die Anzahl der Ideen, wie das vor sich gehen soll, wird nur von der Anzahl der Experten übertroffen.

Die Vorschläge reichen von Krankenhausreform mit runden Krankenhäusern statt viereckigen, über Personaleinsparung, bis zur Billigstvariante »gar kein Personal«.

Bei fehlendem Personal haben wir keine Medikamente oder Verbrauchsgüter zu bezahlen.

Alle diese Varianten hören sich gut an, das Grundübel liegt jedoch ganz woanders: Wir haben zu viele Menschen, die krank sind oder krank sein wollen! In der Krankenhausambulanz stehen jeden Tag massenhaft Menschen und warten auf kostspielige Behandlungen.

Wenn weniger Patienten in den Ambulanzen wären, würden sich die Kosten reduzieren.

Wir brauchen also kleinere Ambulanzen!

Optimal wäre ein Warteraum in der Größenordnung einer Toilette, denn dann hätte täglich nur ein Patient Platz – den könnten wir uns dann leisten in unserem Gesundheitssystem.

Tidi

Die derzeitige Struktur

Wundersame Dinge

Ja, das sind sie schon: die Zähne. Ein erwachsener Mensch besitzt laut Lehrbuch zweiunddreißig Stück davon, die meisten von uns wohl etwas weniger.

... das sieht ja gut aus!

Genetische Ausnahmen sind Schauspieler, die beim Lächeln Unmengen von weißen Beißerchen zeigen – mindestens sechzig Stück.

Von solchen Menschen träumen Zahnärzte, während Normalsterbliche von Zahnärzten träumen – allerdings um dabei schreiend wach zu werden.

Nur ein Kubikzentimeter groß, sogar kleiner, kann ein Zahn vorzugsweise Wochenenden in Torturstunden verwandeln.

Das Dilemma

Schweißgebadet schleppt man sich dann zum Zahnarzt. Erst nach der Betäubungsspritze ist das Leben wieder lebenswerter.

Spätestens wenn der Zahnarzt das Gebiss inspiziert
und den Vergleich mit einer Ruinenstadt anstellt, sind
die Schmerzen wieder da, höllisch, diesmal aber in der
Gegend der Geldbörse.

Es ist erstaunlich, dass das Füllen von kleinen Lö-
chern genauso viel kostet wie das Ausbetonieren eines
mittelgroßen Swimmingpools.

Wenn die Löcher geschlossen werden, kann man
wieder zufrieden lächeln. Nur das Loch in der Geldbörse tut noch etwas weh.

Tidi

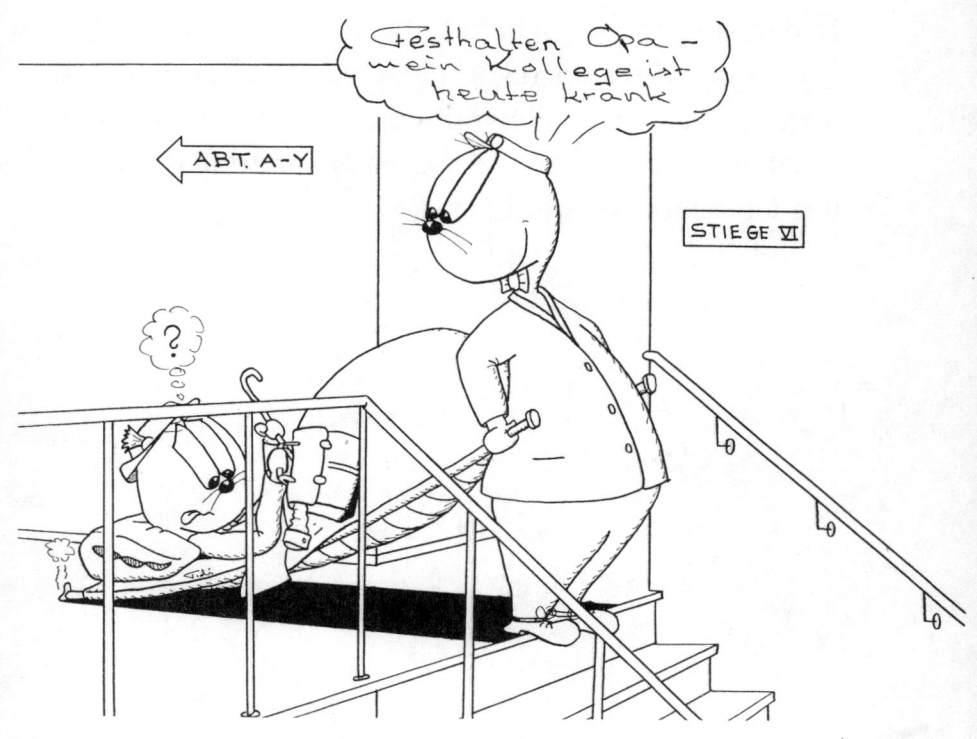

Der Personalengpass

Bedrohliche Lage

In der Medizin hat sich viel getan.

Die Krankheiten sind die gleichen, die Patienten und Ärzte auch, nur die Behandlungsmethoden sind besser.

Viele Krankheiten, die früher als unheilbar galten, werden heute beherrscht.

Krank sein bringt die Wirtschaft in Schwung

Der Patient ist gesund, der Arzt froh, der Medikamentenhersteller über gute Umsätze erfreut. Nur die Krankenkasse stöhnt, weil sie zahlen muss.

So kann *das* nicht weitergehen.

Ein finanzielles Debakel droht, weil unser Gesundheitssystem zu viel Geld kostet.

Aber wenn wir weiterhin so erfolgreich bleiben, haben wir bald noch eine Katastrophe am Hals!

Denn Krankheiten werden sofort beseitigt, kranke Menschen somit schneller gesund.

Die Planung von Krankenhäusern ist schwer

Diese suchen jetzt alle Arbeit. Auch Tausende Ärzte, die kaum mehr Patienten zu behandeln haben und so von ihrem Beruf nicht länger leben können.

Wo wollen wir all diese Menschen auf dem Arbeitsmarkt unterbringen?

Die Lösung wird darin liegen, dass man Patienten doch nicht so schnell gesund werden lässt. Dass Ärzte folglich langsamer Diagnosen stellen und Pharmafirmen weiterhin weniger effektive Wirkstoffe entwickeln.

Nur so kann eine gesunde medizinische Gemeinschaft erhalten bleiben.

Tidi

Eine erfolgreicher Umbau der Lungenabteilung?

»Der Arzt und sein Patient in Zukunft friends?«

Tipps und Ratschläge für Ihr Wohlbefinden

Meine Mutter ...

»Geh' Peperl, plausch' net!«

Kiloweise

Lebensqualität

Video statt Deo?

Schwitz-Lehrgang

Ein Hoch auf die Faulheit!

Zehn Ratschläge für eine harmonische Ehe

Ein Urlaubstipp

Saubere Geschäfte

Engelskontakte

Sich hartnäckig weigern, fröhlich zu sein

Mobbing

Der Manager

Szene im Café

Einfach zum Lachdenken ...

Meine Mutter ...

... ist eine der kritischsten Leserinnen meiner Gedanken.

»Weißt du«, meinte sie kürzlich, »ich hab' im Laufe meines Lebens öfters beide Augen zudrücken müssen, um nicht den Überblick zu verlieren!«

Sie liefert mir immer wieder neue Sprüche, von denen ich heute ein paar an Sie weitergeben möchte:

»Für falsche Zähne sollte man Haftpflicht verlangen.«

»Solange der Arzt etwas verbietet, ist alles in Ordnung. Schlimm wird's erst, wenn er plötzlich alles erlaubt!«

»Ich glaub', mein Hausarzt ist eitersüchtig!«

»Die Chirurgen sind alle Aufschneider.«

»Mein Arzt hat mir mehr Bewegung verordnet, aber ich finde die Fernbedienung so praktisch.«

»Je besser der Patient seinen Arzt behandelt, umso besser ist der Arzt.«

»Man soll den Zahnarzt nicht vor der Rechnung loben!«

»Gestern war ich bei zwei Ärzten – jetzt hab' ich drei Meinungen.«

»Bevor man zum Arzt geht, sollte man seine Lieblingsdiagnose kennen.«

»Der Schönheitschirurg ist ein Liftboy.«

»Ich will mehr Arzt, nicht mehr Medizin!«

»Dieses Medikament hat bei mir deshalb so gewirkt, weil mein Arzt davon überzeugt war.«

»Aber weißt du«, meint meine Mutter auch, »man kann über die Medizin leicht lästern, wenn man kerngesund ist.«

»Geh' Peperl, plausch' net!«

Eines der riskantesten Geräusche, das der Mensch machen kann, ist laut zu denken.

Das kommt daher, dass der Mund manchmal ungeniert drauflos plappert, ohne den Kopf vorher zu fragen.

In »besseren Kreisen« besteht die Möglichkeit, so Hervorgebrachtes zu widerrufen:

Mit der Begründung »falsch zitiert!!«, »völlig aus dem Zusammenhang gerissen«, usw. Aber was macht ein einfacher Mensch mit seinem Mund voller Ideen?

Dafür gibt es einen ganz simplen Trick: So lange reden, bis man weiß, wovon man redet.

Nach dem Motto: »Sag' was Dir einfällt, damit Du hörst, was Du weißt.«

Die Technik dieser Redekunst erlernen Sie bei den unzähligen Diskussionsrunden, bei denen kein einziger Teilnehmer zuhören würde, wenn er nicht wüsste, dass er demnächst selber dran ist.

In der Redeeroberung zeigt sich die ganze Cleverness: nur ja nichts sagen, aber so, dass nichts ungesagt bleibt.

Und keine falsche Bescheidenheit, es redet keiner dümmer als er ist.

»Geh' Peperl, plausch' net!«, hat mein Vater manchmal gesagt, wenn er sich die Debatten im Fernsehen angeschaut hat.

Kiloweise

Sie kommt zu jeder Jahreszeit.
Die Zeit der Diäten.

»Vier Kilogramm in einer Woche!«
»Essen Sie sich schlank!«
»Idealgewicht ohne Diät!«

Genau in dieser Zeit wird mein Über-Ich aktiv und macht meinem Unter-Ich die gemeinsten Vorwürfe:
»Schau, wie fett Du bist. Die Hose geht nicht mehr zu. Und das Sakko spannt! Du hast mindestens um acht Kilogramm zuviel!«
»Aber bitte, für mein Alter? Es gibt dickere Burschen!«, denkt mein ganz normales Ich.

Spätestens in diesem Moment ist mir jedoch jedes Lachen vergangen – und jeder Appetit, und wenn ich esse, dann nur noch aus Frust.
Ich möchte einmal abnehmen!
Mit Freude, ohne Zwang.
Ohne Diät und ohne zu Hungern, und danach mein Traumgewicht – halten für immer.
Das wäre mein größter Wunsch.

Nun, vielleicht geht das tatsächlich?

Mit dem gewichtsneutralen Bio-Mikrochip, der die Schlank-Information auf die Metaebene bringt, damit Konflikte löst und so den Stoffwechsel aktiviert, der abschließend meine Schuldgefühle abbaut und danach die Teller leer isst.

Für den entsprechenden Realitätsverlust garantiert der Beipacktext.

Achtung:

Wichtige Infos zum Thema »Gesund & Abnehmen« erhalten Sie zum Ortstarif unter der Ernährungshotline *0810 810 227*, Montag bis Freitag von neun bis fünfzehn Uhr!

Die wissen, wie's geht!!!

Lebensqualität

»Weißt du«, meinte ein guter Freund von mir, »ich kann mir jetzt jeden Tag Austern leisten, aber schmecken tun Sie mir halt immer noch nicht. Früher habe ich Kaviar löffelweise gegessen und nun, da ich ihn mir wirklich leisten kann – heute lasse ich lieber essen. – So wie ich heute lebe, habe ich nie gearbeitet!«

Ein Glückspilz.

Er brachte mich auf die Idee, über Luxus nachzudenken.

Also, wenn ich schon am Morgen *Kaviar* esse, schau ich den ganzen Tag ziemlich ver*stört* aus.

Luxus wäre für mich, wenn ich mir mit Fleurop ein Büscherl Petersilie nach Haus bringen ließe, um damit Röstkartoffeln zu machen.

☺ ☺ ☺
☐ ☐ ☐

Video statt Deo?

So manche Beziehung entsteht nicht über die Augen, sondern durch die Nase.

Allerdings ist die Geruchswahrnehmung von Mensch zu Mensch verschieden.

Was für den einen stinkt, ist für den anderen hocherotisch.

»Wie der duftet!«

»Die kann ich nicht riechen!«

»Der stinkt mir!«

Die Sprüche kennen Sie, doch sind manche Bemerkungen zum Körpergeruch nicht aus der besten Luft gegriffen.

Heikel wird es, wenn man jemanden besonders sensibel auf seine individuelle Dufterzeugung aufmerksam macht:

»Ach ...Video statt Deo benutzt?«

oder

»Riech ich dein Aroma, fall ich gleich ins Koma!«

oder

»Ein Schweißfuß kommt selten allein!«

Dabei stinkt doch oftmals die Kleidung und nicht der ganze Mensch.

Nylonhemden und Plastikschuhe sind zwar bügelfrei, bringen einen aber ins Schwitzen.

Genau wie so mancher Vorgesetzte oder die Pitbulls.

Das sind dann jedoch »Schwitzreflexe« gegen alles Bissige im Allgemeinen.

Obwohl, wenn sich »zwei nicht riechen können«, muss das nicht unbedingt was mit deren Ausdünstung zu tun haben.

Bei Körpergeruch, ob mit oder ohne Parfüm, ist das nicht nur eine Frage der Qualität, sondern auch eine der Quantität.

Damit lässt sich das Parfüm mit dem Lidschatten vergleichen:

Unter den Hühneraugen ist er übertrieben!

☺ ☺ ☺

☐ ☐ ☐

Schwitz-Lehrgang

Schwitzen ist für den Menschen bekanntlich gesundheitsfördernd, da zugleich mit dem Schweiß Giftstoffe ausgeschieden werden.

Gezielte Gesundheitsvorsorge lautet somit ein Grund, warum Saunas einen so hohen Zulauf erzielen.

Allerdings fühlen sich viele unwohl, sich völlig hüllenlos den Blicken anderer auszuliefern.

Diese Unsicherheit versucht manche(r) durch das Tragen von Lieblingsparfüms auszugleichen.

Schon wenige Spritzer »Eau de Parfum« reichen aus, um die Riechorgane anderer Saunabesucher mit einer unnahbaren Dufthülle zu erfreuen.

Sein Deodorant mit den Worten »Schwitzen Sie auch so?« in die Sauna mitzunehmen, ist trotzdem nicht nötig.

Männliche Besucher sind häufig optischen Reizen ausgesetzt.

Wobei »mann« sich in der Sauna aber auch nicht ständig die Hände vor die Augen halten muss.

Allzu große Aufmerksamkeit wie Fragen à la »Hat es nicht wehgetan, sich an dieser Stelle piercen zu lassen?« kann jedoch auf Missfallen stoßen.

Ganz allgemein gilt: Bemerkungen wie »mein Fuß-pilz ist wirklich hartnäckig« stören die Saunaruhe empfindlich.

Es müssen im Prinzip nur ein paar Regeln eingehalten werden, dann kann die Sauna ein sehr gesundes Vergnügen sein.

Ein Hoch auf die Faulheit!

Man sagt: »Ein fleißiger Dummer bringt es im Leben weiter als ein fauler Intelligenter.«

Da wir es heute alle besonders weit bringen wollen, ist es nicht ganz zeitgemäß *für* Faule zu sein.

Nur: ich mag einfach faule Menschen!

Sie sind meistens recht ordentlich, weil sie ja bekanntlich zu faul sind zum Suchen.

Auch sind Faule gute Konsumenten, sie zahlen stets pünktlich ihre Rechnungen, weil sie sich nicht mit Mahnungen herumschlagen wollen.

Faule denken darüber nach, wie sich Arbeit vermeiden lässt.

Faule stellen nicht alles auf den Kopf, um etwas auf die Beine zu kriegen.

Sie arbeiten weniger und machen daher auch weniger Fehler.

Faule schreiben wenn, dann kurz und bündig, verständlich.

Sie hetzen in der Regel dem Erfolg nicht nach, sondern schreiten ihm entgegen.

Faulheit fördert die Kreativität.

Faule mischen sich auch selten in fremde Probleme ein.

Sie sind kaum misstrauisch, weil sie darauf vertrauen, dass eh' alles gut geht.

Faule haben fast nie Potenzprobleme, weil sie sich ausruhen, bevor sie erschöpft sein könnten.

Faule agieren ökonomischer im Umgang mit Stress, und davon könnten die Fleißigen eine Menge lernen.

☺ ☺ ☺
☐ ☐ ☐

Fortbildung in der Sportmedizin

Zehn Ratschläge für eine harmonische Ehe

Für eine harmonische Ehe sind viele Brautleute kaum vorbereitet.

Es geht auch alles viel zu schnell.

Kaum haben sich die Verliebten kennengelernt, stehen sie schon am Standesamt, flittern in die Hochzeitsreise und stecken auch schon bis über beide Ohren im Dilemma.

Meine Ratschläge sollen den Ehepraktikanten helfen, sich in ihrem Wirkungskreis, dem Hafen der Ehe, besser zurechtzufinden:

Als Ehemann legt man das Hauptgewicht auf seine Frau!

Der ideale Ehemann ist ein Gerücht.

Der Ehemann und die Ehefrau haben *einen gemeinsamen* Hochzeitstermin.

Der Ehemann hat *ein Recht* auf das letzte Wort, er darf tief zerknirscht um Verzeihung bitten.

Der Ehemann streitet nur dann mit seiner Frau, wenn sie nicht zu Hause ist.

Der Ehemann weiß nie, was die Nachbarschaft weiß.

Jedes Eheversprechen ist eine Schuld.

Die nützlichsten Erfahrungen, die man in der Ehe macht, sind oft die schlechtesten.

Mit schlechtem Gewissen wird der Ehemann zum guten Liebhaber.

Keine Ehe ist so viel wert, wie die Scheidung kostet.

Sollten Sie, liebe gnädige Frau, manchmal ganz leise bei sich denken: »Der Ehealltag wird von Tag zu Tag schwerer«, dann trösten Sie sich, *die Ehemänner auch.*

Unverhofft kommt oft!

Ein Urlaubstipp

Lang ersehnt und mit Vorfreude erwartet Sie – das Mittelmeer.

In der Vorbereitungsphase auf Ihren Urlaub empfiehlt es sich, den Verdauungsapparat bereits langsam auf die südländische Kost einzustellen.

In den südlichen Ländern bestehen die leckersten Gerichte zu einem überwiegenden Teil aus Speiseöl und Meerbereichsölen – in verschiedenen Jahrgängen und Geschmacksrichtungen.

Wer nicht schon zu Hause seinen Magen auf Ölspeisen trainiert, verbringt sonst unter Umständen die erste Urlaubswoche auf jenem Ort, der nirgends als Sehenswürdigkeit bekannt ist.

Gewisse Gerichte werden im Süden ja nicht zum Spaß »Zuppa di Cozze« genannt.

Fische schauen Sie bitte vor der genussvollen Verspeisung sehr genau an, aus welchem Grund ihre Augen so verdreht sind.

Große Unterschiede gibt es auch beim Mineralwasser. Hier ist es klug, genau daran zu riechen.

Flaschen werden zum Teil verschlossen oder bereits geöffnet serviert.

Ich würde stets zur unhöflicheren Variante raten.

Aber wie's bei allen Tipps so ist, die Anwendung liegt bei Ihnen …

☺ ☺ ☺
☐ ☐ ☐

Saubere Geschäfte

Die Benutzung einer öffentlichen Toilette ist oft gar nicht gemütlich.

So richtig draufsetzen traut man sich in der Regel ja nicht.

Und dass die Spülung weniger oft benützt wird als die Muschel, ist meist weder zu übersehen noch zu überriechen.

Logisch, dass sich die Wissenschaft dieser schrecklichen Thematik angenommen hat.

Das Resultat: Die Forscher entdeckten Bakterien, die Durchfallerkrankungen auslösen.

Die Toilettensitze sind am stärksten mit Keimen belastet, die Wasch-Armaturen liegen auf Platz zwei.

Es lohnt sich übrigens nicht, die Toilettentür zu verwechseln: Es gibt keine Unterschiede zwischen den männlichen und weiblichen Ergebnissen.

Allerdings besteht *fast keine* Gefahr, sich in den öffentlichen Sanitäranlagen zu infizieren.

»Nur wenn die Keime in den Mund gelangen, ist eine Infektion möglich«, stellten die Hygieneexperten fest.

Also, keine Jause mehr am Klo?

Das ist irgendwie beunruhigend.

Bleiben jetzt die öffentlichen Klos weiterhin so, wie sie sind?????

Ja, dann bleiben die Besucher weiterhin gelenkig, bei der Fitness-Übung »Sauberes Geschäft am öffentlichen Klo«: tief Luft holen und anhalten, mit beiden Beinen rauf auf den Deckel, runter mit der Hose, fünfunddreißig Sekunden Hocke, Spülung, Tür zu, ausatmen ...

☺ ☺ ☺

☐ ☐ ☐

Engelskontakte

In der traditionellen Wissenschaft der Paramedizin gibt es keine abstrakten Ideen.

Dort sind alle Ideen spirituelle Kräfte und haben demnach eine Persönlichkeit, die die Botschaft der Engel ins Licht des Bewusstseins tragen.

Die Erleuchteten werden mich sicher verstanden haben ...

Den bewussten Umgang mit Engelsenergien können Sie nun in verschiedenen Tagesseminaren erlernen – zum Durchschnittspreis von 4200 Schillingen.

Dieses Geld will ich Ihnen heute ersparen.

Nicht ganz, Sie hatten ja Ausgaben für das Buch.

Sind Sie soweit?

Gut.

Schließen Sie bitte Ihre Augen.

Was sehen Sie?

Nichts?

Das habe ich vermutet. Macht nichts.

Fragen Sie Ihr Gedächtnis, wie zum Beispiel ... diese Geschichte weitergeht!

Na?

Fühlen Sie sich gesund?

Nicht ungeduldig werden!
Warten Sie auf die Symbole der Engel!
Was sehen Sie?
Welche Farbe hat es?
Nicht die Augen aufmachen!!!!
Bleiben Sie bitte in der Finsternis.

Nur in der Dunkelheit können Ihre ganz persönlichen Engel Ihren ganz individuellen Visionsplan für Sie entwerfen.

Ist Ihnen das Schattenlicht schon aufgegangen?

Ach, es dämmert Ihnen.

Gut!

Dann sagen Sie sich hin und wieder ganz laut: »Ich bin bereit, mit offenen Augen durchs Leben zu gehen.«

P. S.: Das war ein textlicher Blindgänger in einer Länge von 1011 Zeichen.

Sich hartnäckig weigern, fröhlich zu sein

Die Managementtrainerin Vera Birkenbihl empfiehlt, sich bei akutem Ärger auf dem Klo einzusperren und einige Minuten möglichst blöd zu grinsen.
Denn diese Übung führt das eigene Hirn hinters Licht.
Die Grauen Zellen meinen, wenn gegrinst wird, dann ist es da draußen irgendwie lustig und schütten prompt eine Ladung Glückshormone aus.
Diesen Trick können Sie sich geschickt ebenso auch *umgekehrt* zu Nutze machen, sobald Sie folgende Übungen durchführen:

Das Stirnrunzeln:
Drei Mal täglich, möglichst vor dem Spiegel, üben.
Dazu fünf Mal tief seufzen.
Eventuell sprechen Sie auch einen speziell abgestimmten Text, beispielsweise »Oh je, oh je, oh je«.

Das Mundwinkel-hängen-lassen:
Die Lippen tief nach unten ziehen,
dreißig Minuten in dieser Position verharren!

Anfänger üben stets vor dem Spiegel im Bad. Fortgeschrittene trainieren im Bus, im Supermarkt, ja selbst im Theater und überprüfen ihre Trainingserfolge zur Kontrolle statt im Spiegel an der öffentlichen Reaktion.

Ihre miese Stimmung können Sie durch eine gebeugte Körperhaltung unterstreichen. Stehen Sie gekrümmt!
Ein krummer Rücken tut Sie runterdrücken.
Den Kopf nach vorn und runter neigen, die Augen stets schön auf den Boden richten.
Gegen das Verkehrsschild gelaufen?!
Macht nichts.
Einfach ärgern.
Denn so unterstützen Sie eine stabile Fruststimmung.

»Ist das Lachtherapie, hm?!«

Mobbing

Der Mob kommt aus dem Englischen und ist der Pöbel.

Nicht zu verwechseln mit dem Mop, der auch aus England kommt, aber wesentlich nützlicher ist, weil man mit ihm Staub wischen kann.

Der Mob oder Mobber wirbelt bekanntlich nur Staub auf.

Weiter Ähnlichkeiten zum Mobber finden wir eher beim Mops, weil der auch ständig ein mürrisches Gesicht zeigt und einfach »ein Hund« ist.

Nur ist der Mob schon fast eine Beleidigung für den Mops.

Mobber sind Hennen, die gackern, während andere die Eier legen.

Aber grad' die Faulen und die Dreisten, mobben meist am meisten.

Es gibt halt rotzige Leut', die den anderen die Nase wischen wollen.

Das sind Leut', die ihre Mitmenschen meist an den Stellen kratzen, wo es sie selber stark juckt.

Nach dem Motto:

»Das falsche Wort zur falschen Zeit, vorbei ist die Zufriedenheit.«

Sollte Sie ein Mobber einmal wirklich genervt haben, dann baden Sie nicht zu lange im Kakao, durch den man Sie gezogen hat.

Denken Sie sich einfach: Was kann man sich schon von so einer Mischung aus Mop und Mops überhaupt anderes erwarten.

Der Manager

Der Manager ist die Krone der Erschöpfung.

Die Überlegung zu dieser These liegt in der Tatsache, dass *ein* und derselbe Körper nicht gleichzeitig an *zwei* verschiedenen Plätzen sein kann.

Darin liegt auch der Hauptgrund für die Hektik – jener typischen Managerkrankheit, die laut Untersuchungen durch Uhrzeiger hervorgerufen und durch den Terminkalender übertragen wird.

Es gibt tatsächlich Manager, die halten ihren ausgefüllten Terminkalender für ein ausgefülltes Leben.

Humorvoll auf den Punkt gebracht hat *das* ein amerikanischer Politiker: »Nächste Woche kann es keine Krise geben, mein Terminkalender ist schon voll!«

Unter modernem Management versteht man mehr das Tempo als die Richtung.

Wie bei den Autos. Die müssen immer schneller werden, damit der Zeitverlust durch die Parkplatzsuche wieder ausgeglichen wird.

Kein Wunder, dass den meisten Managern das Lachen längst vergangen ist.

Was schade ist, weil Humor und Lachen die größere Gehirnhälfte in Betrieb nimmt und kreativ werden lässt.

Außerdem schafft Humor Vertrauen!

Denn wenn man mit dem Vorgesetzen auch lachen kann, braucht man ihn nicht mehr heimlich auszulachen.

Szene im Café

Ein Ehepaar sitzt in einem Café und plaudert über die Erfolglosigkeit:

Er: »Es ist leichter, die Verdauung eines anderen zu fördern, als den Erfolg eines anderen zu verdauen.«

Sie: »Ja, ja. Manchen Leuten beschert das Leben Erfolge, anderen nur Folgen.«

Er: »Manchmal glaubt man, man ist über dem Berg und merkt gar nicht, dass es schon wieder bergab geht.«

Sie: »Ja, ja. Nur der Erfolg zählt. Die Misserfolge werden gezählt.«

Er: »Meine Misserfolge verdanke ich den guten Ratschlägen, die ich angenommen habe.«

Sie: »Du braucht ja nicht immer alles auf den Kopf zu stellen, um mal was auf die Beine zu kriegen.«

Er: »Richtig. Ich darf dem Erfolg nicht mehr nachlaufen, ich muss ihm entgegengehen.«

Sie: »Zahlen bitte! Wir gehen!«

Einfach zum Lachdenken ...

Der Mensch sollte nicht gesünder leben als ihm gut tut.

Der Patient lacht schon den ganzen Tag, hoffentlich ist es nichts Ernstes.

Trockener Humor ist überflüssig.

Es ist oft schwierig, sich selbst auf den Arm zu nehmen, ohne die Balance zu verlieren.

Mancher tut so viel für seine Gesundheit, dass er ganz krank wird.

Ich möchte jung sterben und das möglichst spät.

In Wirklichkeit ist die Wirklichkeit ganz anders.

Schmunzeln veredelt die Runzeln.

Schenkt der Gesellschaft einen Mundwinkelerlass!

Mit zwei rechten Schuhen bekommt der Fortschritt Blasen.

Ein guter Witz kann einem die ganze schlechte Laune verderben.

Von hinten gelesen heißt Schlaf falsch. Vielleicht liegen Sie nur verkehrt.

Humor ist das Einzige, das sich nicht unter Druck versprühen lässt.

Frisch gegrübelt, ist halb verzweifelt.

Warum haben Männer keine Brüste?
   Sie können so schlecht mit Doppelbelastungen umgehen!

Die teuerste Speise ist, sein Leid in sich hineinzufressen.

Lieber einen stürmischen Ehemann als einen windigen Liebhaber.

Es ist manchmal besser aus der Haut zu fahren, als sich das Fell über die Ohren ziehen zu lassen.

Wenn mir der Arzt nicht helfen kann, weil die Krankheit vererbt ist, soll er die Rechnung meinem Vater schicken.

»Man kann die Augen nicht heilen ohne den Kopf, den Kopf nicht ohne den Leib, den Leib nicht ohne die Seele.« Platon

Der größte Fortschritt ist der Weg durch die Krise.

Das Lachbarometer

1 bis 15:   Wenn Sie Humor weiterhin so ernst neh-
men, hört sich ja jeder Spaß auf!
Denken Sie doch öfter an die Worte von
Herrn Dr. Titze! Das hilft!

16 bis 30:   Die nächste »Lachtherapie« wird radikal
gekürzt!
Bei einer Witzecke lachen Sie hoffentlich
häufiger.

31 bis 45:   Sie halten Humor und Scherze für einen
Unfug.
Das ist natürlich ein Witz!

46 bis 60:   Früher fanden Sie vieles in der Kunst fröh-
lich, jetzt ist das Fröhlichsein für Sie eine
Kunst.
Lesen Sie nochmals das gesamte Kapitel
»Lachen als Therapie«! Aber sofort!

61 bis 75:   In brenzligen Situationen vergeht Ihnen
das Lachen …

Lachen Sie auch noch immer am liebsten im Keller? Kommen Sie doch einfach einen Stock höher und schon geht's!

76 *bis* 90: Alles ist komisch – solange es einem anderen passiert …
Die erste Stufe haben Sie erreicht! Vielleicht denken Sie in Zukunft daran, dass ja auch Sie einmal der andere sein könnten und lachen ab heute schon mal prophylaktisch häufiger über sich selbst.

91 *bis* 105: Weil Sie das Leben mit Humor nehmen, ersparen Sie sich einen Psychiater.
Sehr gut! Reden Sie über diese Erkenntnis mit möglichst vielen! Sie wissen, man verursacht so den Schneeballeffekt.

106 *bis* 120: Spaß zu machen besteht für Sie darin, stets die Wahrheit zu sagen.
Denn *das* ist für Sie immer noch das Lustigste auf der Welt! Sie, Kasperl!

121 *bis* 135: Sobald es ernst wird, sagen Sie:»Das kann ja heiter werden!«
Im richtigen Tonfall gesprochen bereits ein sehr, sehr guter Lachansatz!

136 *bis* 150: Sie finden das Leben viel zu kurz, um ununterbrochen ein langes Gesicht zu ziehen.
Bravo, Sie befinden sich auf dem richtigen Weg!!!

151 *bis* 222: Sie sagen sich: »Wenn schon Falten, dann Lachfalten!«
Wir gratulieren! Menschen wie Ihnen sollte man häufiger begegnen!